Cómo puede estar seguro de que PASARÁ LA ETERNIDAD CON *Dios*

Cómo puede estar seguro de que PASARÁ LA ETERNIDAD CON Dios

Erwin W. Lutzer

EDITORIAL PORTAVOZ

Título del original: *How You Can Be Sure That You Will Spend Eternity with God* por Erwin W. Lutzer. © 1996 por Erwin W. Lutzer y publicado por Moody Press, Chicago, Illinois.

Traducción: José Luis Martínez
Diseño de la portada: Alan G. Hartman
Compaginación: Nicholas G. Richardson

EDITORIAL PORTAVOZ
Kregel Publications
P. O. Box 2607
Grand Rapids, Michigan 49501 EE. UU.

ISBN 0-8254-1447-4

1 2 3 4 5 edición/año 01 00 99 98 97

Printed in the United States of America

CONTENIDO

A mi hermana Ester,
quien, durante treinta años de labor misionera
en Africa, ha tenido el privilegio de
explicar a muchos cómo pueden estar
seguros de que pasarán
la eternidad con Dios.

INTRODUCCIÓN

BIENVENIDO A LA ETERNIDAD

Cinco minutos después de morir usted va a tener su primera visión del cielo con toda su grandeza y felicidad o su primera auténtica experiencia de un horror y pena implacables. En cualquier caso, su futuro quedará determinado para siempre y eternamente inalterable.

En esos primeros momentos, usted estará más despierto de lo que jamás ha estado antes. Recuerdos vivos de sus amigos y de su vida en el planeta tierra se mezclarán con una anticipación intimidante de la eternidad. Usted tendrá su primera visión directa de Cristo o su primer encuentro con el mal como nunca antes lo ha conocido. Para entonces será demasiado tarde querer cambiar de domicilio.

Dos escenarios opuestos vienen a la mente. Uno es el del hombre rico seguro de sí mismo que murió y fue al Hades, donde Cristo dice que «alzó sus ojos, estando en el tormento» (Lc. 16:23). Todas sus facultades estaban intactas: podía ver, sentir, oír y recordar su vida en la tierra. E incluso hoy mientras que usted lee este libro, él está completamente consciente, sabiendo que no hay escape para su situación.

El otro cuadro es el del ladrón crucificado a quien el Cristo moribundo dijo: «De cierto te digo que hoy estarás conmigo en el paraíso» (Lc. 23:43). Este también tenía todas sus facultades intactas; y hoy todavía goza de la presencia de Cristo en el paraíso.

¿Se sorprendería usted si le dijera que Cristo enseñó que muchos más van camino del sufrimiento que del éxtasis? Muchos más van a estar en una angustia consciente que de un gozo desbordante.

¿Es posible saber en esta vida dónde pasaremos la eternidad? Algunos creen que no, insistiendo en que todo lo que podemos hacer es esperar lo mejor y confiar en la misericordia de Dios. Después de todo, nosotros somos pecadores y Dios es santo. Hay, siguen razonando, hay mucho que desconocemos, muchas premisas ignoradas, demasiadas opiniones. «Además», dijo un hombre, «¡me gustan las sorpresas!»

Por el otro lado, resultaría muy extraño en verdad que Dios nos mantuviera perplejos, suspendidos entre una esperanza vacilante y una duda persistente. Si Él es nuestro Padre celestial como Cristo nos enseñó, esperaríamos que esa información crucial nos la revelara. ¡Eso es lo que ha sucedido!

Muchas buenas personas se unirán al hombre rico en el Hades, no porque son ricas, sino porque son buenas y están confiadas en su propia bondad para salvarse. A pesar de toda su sinceridad, se verán a sí mismas en el lado de fuera de las puertas del cielo. O quizá están contando con la misericordia de Dios, sin saber que sólo se otorga a aquellos que cumplen con un requisito importante.

Algunas sorpresas nos esperan, sin duda alguna, cinco minutos después de fallecer; pero es mucho mejor ser sorprendidos con las glorias inexpresables del cielo que las agonías indescriptibles del infierno.

Equivóquese acerca de la jubilación, o acerca del fútbol, de su elección de carrera; pero no se equivoque acerca de dónde pasará la eternidad.

Este libro le va a guiar en un viaje. Descubriremos por qué podemos saber, incluso ahora, dónde vamos a estar después de haber pronunciado nuestras últimas palabras y exhalar el último suspiro.

Empecemos, pues, nuestro viaje, llevemos una Biblia en una mano y las dudas y preguntas en la otra.

CAPÍTULO UNO

LA TRAGEDIA DE LA FE MAL DIRIGIDA

¡La fe puede destruirle!

Como residentes de Chicago, mi esposa y yo recordamos el episodio del Tylenol® manipulado que sucedió aquí en 1982. Usted quizá se acordará de que alguien dispuesto a matar al azar puso cianuro en unas pocas cápsulas. El veneno funcionó muy bien. Una mujer que compró Tylenol de una farmacia cercana a nuestra iglesia murió a los pocos minutos de haber ingerido una sola cápsula. En total murieron siete personas que no sospechaban nada.

Dos lecciones inolvidable surgen de esta tragedia. Primera, *la fe no tiene en sí misma ningún mérito especial; no tiene el poder de cambiar la naturaleza de la droga de dañina a beneficiosa.* Siete personas creyeron fírmemente que estaban tomando una medicina, no veneno. Pero su fe no los salvó; en realidad su fe los mató.

La fe sólo es tan buena como el objeto en el cual se pone. Dicho de manera diferente, lo *que* creemos es más importante que el fervor de nuestra creencia. El viejo clisé de «no importa lo que creas con tal de que seas sincero», no es verdad, como las víctimas del episodio del Tylenol demostraron. Es mucho mejor creer la verdad temblando que creer el error con firme confianza. Lo que usted cree realmente importa.

La segunda lección que debemos aprender del episodio del

Tylenol asusta de verdad: *A veces una creencia falsa se asemeja a una verdadera.* Al observador ocasional el cianuro le parece que es sin discusión Tylenol. La etiqueta tiene todas las indicaciones se ser auténtica, de manera que no hay razón para desconfiar del contenido. La promesa era que esas cápsulas aliviarían el dolor, pero el tomar una sola trajo la muerte.

Cristo enseñó que muchas personas que tienen una fe fuerte y perseverante un día descubrirán que su fe no puede salvarlos. Para su eterna mortificación, vivirán para ver cómo la puerta del cielo se cierra ante ellos. Pasarán la eternidad fuera de la ciudad celestial.

Quizá podamos percibir mejor estos sentimientos si usamos una ilustración propia de este lado de las puertas del cielo. Imagínese que está en un pantano mientras que un avión de rescate vuela sobre su cabeza. Usted mueve sus cansados brazos y grita, pero sabe que el piloto no le ve. Ya no tiene las fuerzas para caminar a algún lugar habitado, y debido a que su sentido de dirección está confuso, no sabría hacia dónde encaminarse en el caso de que pudiera. Debido a que sus compañeros de viaje murieron hace ya tres días cuando el avión cayó en el pantano, se encuentra completamente solo.

Con la mirada clavada en la oscuridad de la noche, se da cuenta de que no le queda otra alternativa que yacer en el lodo y morir. Anhela que alguien esté a su lado, pero debe pasar su angustia a solas. Olas de temor disipan los pensamientos de ánimo que tenía ayer. Arde de fiebre, y ahora espera histéricamente que llegue el fin.

Traslade esos sentimientos a proporciones cósmicas. Usted ve el interior del cielo, llega a ver a algunos de sus amigos, pero Cristo le dice que está eternamente descalificado. No hay una segunda oportunidad, no hay forma de que pueda volver al día siguiente con los documentos correctos en sus manos. No puede rehacer sus planes de viaje. Se aleja de allí para no volver a ver el cielo nunca jamás. Fija la mirada en la oscuridad que está delante de usted, consciente de que está entrando en el reino del caos moral, de la soledad y de las tinieblas.

Las palabras de Dante, olvidadas desde hace mucho, reaparecen en su mente: «Toda esperanza abandona a los que entran aquí.»

Quisiera que no fuera así; y sé que usted también lo quisiera. Pero Cristo enseñó que muchos que esperan que las puertas del cielo se abran de par en par para ellos quedarán espantados al ver que se cierran ante ellos. Su exclusión de la presencia de

Cristo es final, personal y eterna. Las palabras de rechazo que escucharán de parte de Cristo resonarán en sus oídos para siempre.

Escuchémoslas de los propios labios de Cristo:

> No todo el que me dice: Señor, Señor, entrarán en el reino de los cielos, sino el que hace la voluntad de mi Padre que está en los cielos. Muchos me dirán en aquel día: Señor, Señor, ¿no profetizamos en tu nombre, y en tu nombre echamos fuera demonios, y en tu nombre hicimos muchos milagros? Y entonces les declararé: Nunca os conocí; apartaos de mí, hacedores de maldad (Mt. 7:21-23).

Estas personas nunca se imaginaron que serían echados por Cristo. Después de todo, ellos le habían reconocido como Señor y le habían servido. Tenían un saco completo de experiencias espirituales que gente ordinaria como usted y yo podríamos envidiar. Me quedo helado cuando visualizo sus rostros contraidos.

Estos modelos religiosos no carecían de fe; todo lo contrario, tenían demasiada. Tenían la confianza de que entrarían en el cielo. Si les escuchara hablar, usted pensaría que tenían un asiento reservado en la primeras filas del anfiteatro celestial. ¡Y ahora *esto*!

Si les hiciéramos un inventario personal, sus historiales demostrarían que éstas no eran almas poco entusiastas que se comprometían con Dios el domingo y luego hacían lo que querían durante la semana. Era la gente en la que podías confiar para mantener las puertas del templo abiertas año tras año. Hacían milagros en el nombre de Cristo. Echaron incluso demonios y llevaron a cabo numerosas maravillas. Pensaban en Cristo como su Salvador, no como su juez. Estas buenas gentes fueron engañados a aceptar el cianuro en cápsulas de Tylenol.

Es fácil, por supuesto, pensar que sabemos de qué personas está Cristo hablando. Hace unos días escuché a un predicador en la televisión que hablaba como si Dios no hiciera nada sin consultarle a él primero (es una exageración, pero usted sabe a qué me refiero). Contaba experiencias brillantes acerca de su trabajo entre los pobres. Describió todos los milagros que parecía que Dios estaba haciendo por medio de él. Quizá fuera todo cierto; quizá fuera todo falso; o probablemente fuera un poco de todo. Una cosa podemos decir con seguridad: Dios es su juez.

No mal entendamos a Cristo: No quiere que pensemos que sólo aquellos que hacen reclamos religiosos exagerados quedarán defraudados. Su advertencia es más básica: *Si aquellos que parecen ser las más probables para lograrlo no entrarán en el cielo, eso quiere decir que mucha gente común tendrá la misma horrible experiencia.*

Muchas personas sinceras dedicadas a su fe, quienes nunca se jaztan de su relación con Dios, y muchos que creen de manera callada y que sus buenas obras prueban su fe, estos también pueden perderse el reino celestial.

Me alegra que Cristo no nos dejó confundidos acerca de por qué algunas personas se verán en el lado de fuera de la puerta del cielo. El dejarnos perplejos no habría sido amable, sino que nos habría dejado con nuestras dudas para rumiar la incertidumbre de nuestro futuro. Lo que necesitamos es luz para hallar el camino correcto.

Leí recientemente un libro acerca de un hombre muy cansado que se registró en un hotel tarde en la noche. Miró con atención en la oscuridad desde su ventana antes de cerrar la persiana, y después se dejó caer en la cama sumergiéndose en profundo sueño. Cuando se despertó y abrió la persiana, pudo ver el majestuoso monte Rainier. El monte había estado allí todo el tiempo, incluso en la oscuridad; pero él no pudo verlo hasta que la luz del sol le mostró dónde estaba.

Así es con la verdad. Nosotros no la fabricamos. No la podemos crear mediante juegos de manos. Todo lo que podemos hacer es descubrirla en la presencia de la luz de Dios como la revela la Biblia. Así como la luz del sol nos capacita para ver dónde estamos geográficamente, de igual manera la luz del Sol de justicia, Cristo Jesús, puede ayudarnos a ver dónde estamos espiritualmente. *Y creo que Él quiere que sepamos si vamos a pasar o no la eternidad con Él.*

El propósito de este libro es el de ayudarnos a entender todo lo que Cristo ha hecho para hacer posible que sepamos dónde vamos y que tenemos un lugar reservado para nosotros en el cielo. Creo que podemos estar tan ciertos como los primeros discípulos de que nuestro futuro eterno es seguro. Escuchemos lo que Cristo les prometió:

> No se turbe vuestro corazón; creéis en Dios, creed también en mí. En la casa de mi Padre muchas moradas

> hay; si así no fuera, yo os lo hubiera dicho; voy, pues, a preparar lugar para vosotros. Y si me fuere y os preparare lugar, vendré otra vez, y os tomaré a mí mismo, para que donde yo estoy, vosotros también estéis (Jn. 14:1-3).

El Nuevo Testamento invita a todos, a pesar de su pasado, a tener la seguridad de que serán acompañados por Cristo a la gloria de una existencia personal y celestial. Es interesante que Cristo enseñó que solamente unos pocos se aprovecharán de esta oferta. Antes de explicarles por qué, escuchemos la descripción que hace Cristo de los dos caminos que van en direcciones opuestas.

UNA BIFURCACIÓN EN EL CAMINO

No hace mucho hablaba con una mujer acerca de las credenciales de Cristo, y ella me dijo: «Creo que hay muchos caminos que llevan a Dios. Las personas pueden ir por su propio camino.» Le respondí que me gustaría que eso fuera verdad, pero que no podía escapar de una elección: ¿Creer en su opinión bien intencionada o creer lo que Cristo tenía que decir? Él no tenía la amplitud de mente de muchos de los gurús que ocasionalmente aparecen en los titulares de los periódicos.

Cristo insistió en que había un camino estrecho que llevaba a la vida eterna, pero que, en contraste, había un camino ancho que llevaba a la muerte espiritual. Hay claramente dos puertas separadas, por tanto, hay dos caminos y dos destinos diferentes. Escúchelo en sus propias palabras:

> Entrad por la puerta estrecha; porque ancha es la puerta, y espacioso el camino que lleva a la perdición, y muchos son los que entran por ella; porque estrecha es la puerta, y angosto el camino que lleva a la vida, y pocos son los que lo hallan (Mt. 7:13, 14).

Visualice una autopista con varias carriles de tránsito. Cada carril tiene su propia religión, filosofía y punto de vista. La cultura popular nos dice hoy que podemos escoger nuestras propias creencias, iglesia y filosofía personales. Podemos incluso cambiar de carril si queremos. Todos llegan a la línea de meta; todos disfrutan en el camino; todos ganan. El viaje es divertido.

Es cierto, por supuesto, que cuando usted va por una autopista, no importa mucho qué carril escoge. Y, sin duda, puede cambiar de carril tantas veces como quiera. Al final va a llegar al mismo destino que aquellos que pasan zumbando por su izquierda o aquellas tortugas que usted va pasando por su derecha. No es en qué carril está usted, sino en qué autopista se ha metido la que determina su destino final. El carril lo elige usted; su destino final no.

Ahora se pone difícil. Según Cristo, esta autopista amplia, que muchos piensan que lleva el nombre de «El camino al cielo» es en realidad «El camino a la destrucción». Incluso en el Antiguo Testamento leemos: «Hay camino que al hombre le parece derecho; pero su fin es camino de muerte» (Pr. 14:12). Al cianuro lo etiquetan como «Tylenol».

En contraste, Cristo dice que el camino a la vida es angosto y «pocos son los que lo hallan». Aquí sólo hay un carril de tráfico. Los viajeros aparecen con distinas formas y tamaños, pero, como veremos, todos comparten unas creencias básicas. El carril es demasiado angosto para acomodar gran número de opiniones diferentes acerca de la religión en general y sobre Cristo en particular. Pero sigamos con el relato.

Hay más gente en el camino ancho que en el angosto. Y si no somos cuidadosos podemos confundirnos acerca de los dos caminos. Si no, pregúntele a los que esperaban entrar en el cielo, pero Cristo les dijo que se marcharan. Él envió a aquellos, que por otra parte eran buenas personas, al mismo destino que a los que practicaban la impiedad.

No nos sorprende que Juan Bunyan, en su clásica alegoría del *Progreso del peregrino*, escribiera: «Vi que había un camino al infierno incluso desde las puerta del cielo.» Y así es.

TRES CARRILES EN LA AUTOPISTA

Hay muchos caminos equivocados a Dios, sólo hay uno que es el correcto. No tenemos que ser expertos en la identificación de todos los caminos falsos, porque, si somos observadores, nos daremos cuenta de ello, pues a pesar de todas las diferencias, todos ellos tienen una característica en común. Trate de encontrarla mientras describo los tres carriles de la autopista que va en la dirección equivocada.

Los que suben la escalera

Mientras que viajaba en un avión, tuve una conversación con un hombre que me dijo: «Mi más grande temor es estar detrás de la Madre Teresa en el día del juicio y escuchar al Señor decirla: "Hijita, tú podía haber hecho mucho más".» Aquella persona era un hombre exitoso que procuraba subir una escalera que le llevara a Dios, pero no estaba seguro si había llegado siquiera al primer escalón.

Aunque tiene sus variaciones, usted probablemente lo haya escuchado una docena de veces: Dios nos ha dado una conciencia, una naturaleza moral capaz de distinguir (aunque sea imperfectamente) el bien del mal. Él nos da la capacidad de hacer buenas obras que tienen el poder de purificar el alma. Nuestra tarea consiste en usar estos dones al máximo de nuestras posibilidades.

La devoción, las oraciones y la disciplina nos ayudan a subir los escalones uno a uno. Y aunque quizá no hagamos todo lo que debiéramos, podemos depender de la gracia de Dios para ayudarnos a terminar el camino. Como dice el viejo clisé: «Dios ayuda a los que se ayudan a sí mismos.»

Posiblemente sus amigos creen esto. Quizá usted también. Si usted es un perfeccionista, o si usted ha tenido que trabajar por cada cosa que ha tenido en su vida, este camino le apelará bastante. Según la investigación llevada a cabo por el Instituto Barna, casi todos los estadounidenses creen que son suficientemente buenos como para ir al cielo. Eso no quiere decir que crean que son perfectos, pero sí piensan que son tan buenos, o mejores, que otros. Incluso aquellos que no son miembros de ninguna iglesia se ven a sí mismos como suficientemente decentes como para lograr entrar en el cielo.

A menudo le hago a la gente esta pregunta: «Si usted fuera a morir hoy y Dios le dijere: "¿Por qué razón tengo que dejarte entrar en el cielo?", ¿qué contestaría usted?» Nueve de cada diez me responden algo así: «Soy en general una buena persona y me esfuerzo por ser mejor.»

Por el momento archivemos esta respuesta en nuestras mentes. Reflexionaremos sobre ella más tarde.

Los tipos religiosos

Puede que le sorprenda que haya puesto a la religión en la categoría de «equivocados», de que lo esté clasificando como otro carril en la autopista ancha. «Después de todo», podría usted decir, «si la religión no nos lleva a Dios, ¿quién lo va a hacer?»

Pero piense en esto por un momento. Las personas que fueron rechazadas por Cristo eran ciertamente religiosas. Tengo la impresión de que ellas no sirvieron a Dios ocasionalmente sino que hicieron de ello una forma de vida. Cuando estaban llamando a la puerta del cielo, la razón por la que esperaban entrar es porque habían hecho muchas obras religiosas en el nombre de Cristo.

La religión puede adoptar muchas formas. Para algunos, involucra los sacramentos, que ellos creen que son canales de gracia para los fieles. La iglesia, razonan ellos, tiene el poder de completar nuestras imcompletas acciones.

Para otros la religión consiste en estudiar la ética de Jesús y tratar de vivir en base de esos preceptos. Nos dicen que el conocimiento unido a la motivación apropiada nos ayuda a vivir una vida religiosa.

Todos hemos conocido a aquellos que creen que se han encontrado con Dios por medio de la naturaleza. Ellos dicen que la contemplación de la creación de Dios lleva a un cierto conocimiento de Dios.

Como usted bien sabe, hay docenas de religiones diferentes en el mundo, y cada una tiene sus propio credo, ética y expectativas. La religión, si se entiende en un sentido amplio, es mucho más diversa de lo que la mayoría de las personas piensa.

Sin embargo, la religión es otra versión de la «teoría de la escalera». La religión define los escalones más cuidadosamente y establece las espectatitivas con más claridad. Y, por supuesto, se busca a menudo la ayuda de Dios; pero la religión como tal, no es el camino.

Más tarde daremos las razones.

Los místicos

Los místicos, por supuesto, son también religiosos, pero les he dado su propia categoría porque son gente singular que busca a Dios más intensamente que otros. A través de los siglos, algunas almas devotas (benditas ellas) han renunciado al mundo y se han recluido en monasterios para buscar a Dios. Quizá no hay muchos que hagan eso hoy, pero la idea de que podemos encontrar a Dios dentro de nosotros mediante la meditación y la concentración está ganado partidarios.

He admirado frecuentemente a los místicos cristianos, esas almas sinceras que pueden tomar su fe tan seriamente. Estos hombres y mujeres tomaron las palabras de Cristo: «Amarás al Señor tu Dios con todo tu corazón, y con toda tu alma, y con toda tu mente» (Mt. 22:37) como su visión irresistible. Ayunaban y oraban; meditaban en las Escrituras o en otra literatura devocional. Se esforzaron en lidiar con el pecado que crecía en sus propias vidas de manera que pudieran amar a Dios con motivos puros.

Sin duda algunos místicos encontraron a Dios, pero no en la manera y por las razones que ellos pensaban. La tentación era caer en la alguna forma de la teoría de la escalera, esforzándose dentro del alma por llegar a ser dignos de Dios. El encontrar la salvación por medio del misticismo era una tarea tan ardua que pocos místicos supieron cuándo finalmente lo lograron. En realidad muchos pensaron que uno nunca podía saberlo.

Los seguidores de la Nueva Era promueven hoy una clase diferente de misticismo, una forma de espiritualidad que busca un encuentro con el Dios o dioses que puedan haber. Las técnicas de meditación y mejoramiento personal prometen que Dios está esperando ser descubierto. Generalmente la meta es perder la propia identidad y «llegar a ser uno» con el Ser supremo o divino.

Estas personas creen que Dios es accesible para todos aquellos que le buscan. Creen a menudo también que Él puede ser encontrado en cualquiera de las religiones del mundo. Después de todo, si Dios está dentro de nosotros, está disponible para cualquiera en todo momento, y en todo lugar. Sólo necesitamos encontrar la clave, y la puerta a la espiritualidad se nos abrirá de par en par.

Pero como veremos la puerta está atascada.

INDICADORES CAMBIADOS

Estos carriles de la autopista parecen ciertamente que pudieran ser correctos. Si la salvación (esto es, ser reconciliado con Dios) no viene mediante mi esfuerzo por hacerme mejor persona, ¿qué nos queda? ¿Qué pudiera parecer ser más correcto que el enfoque de que aceptamos la gracia de Dios para hacer lo mejor que podemos y esperar confiados que Él hará el resto? ¿Y en qué puede estar mal que tratemos de encontrar a Dios dentro de nosotros mismos? Con todo, los viajeros que siguen estos caminos se encuentran con baches a lo largo del camino —*barricadas*— sería una palaba mejor.

Un amigo mío me confesaba cuán culpable se sintió cuando de jovencito cambió el sentido de un indicador de calle y observó cómo los motoristas eran extraviados. Los indicadores de camino son importantes; si están mal rotulados las consecuencias pueden ser desatrosas.

Los tres caminos mencionados arriba comparten un error común. *Sobreestiman nuestra habilidad y subestiman la santidad de Dios*. Funcionan desde una perspectiva sesgada de nosotros mismos. Nosotros solamente vemos sombras del bien y del mal, y mientras tanto que nos comparamos a nosotros mismos con otros, podemos sentirnos bastante seguros de que somos dignos del amor y del perdón de Dios.

Todos tenemos ese sentimiento de satisfacción que viene por haber hecho «nuestras buenas obras del día». Cuando recorremos el kilómetro extra para cuidar de los niños de nuestros vecinos, dando algo de dinero para obras de caridad, o haciendo un trato honrado, nos sentimos satisfechos de nuestra propia bondad. Y cuando compramos el periódico y leemos acerca de aquellos que matan y roban, nos sentimos orgullosos de cuán diferentes (y mejores) somos en realidad. Podemos llegar incluso a pensar cuánto mejor sería el mundo si todos fueran como nosotros.

Nuestro problema consiste en que nos miramos a nosotros mismos por el lado del telescopio que no corresponde. Estamos en realidad mucho más lejos de Dios de lo que podemos imaginar. Cuanto más entendemos a Dios tanto más nos convenceremos de que no hay una base moral común reconocible entre nosotros y Él. Resulta que somos como aquel muchacho que dijo a su madre que medía dos metros cuarenta centímetros de estatura según la vara de medir que *él* había creado.

No puedo hablar por usted, pero mi problema es que no me va muy bien en eso de subir la escalera hacia Dios. No importa cuánto me esfuerce, mi naturaleza básica permanece inalterable. Puedo proponerme ser mejor, y puede que incluso mejore algo, pero soy fundamentalmente el mismo por dentro. Mi problema está en que después de haber subido por la escalera un palmo, a menudo retrocedo un metro. Lo echo todo a perder.

Si pudiéramos vislumbrar cuán santo es Dios, estoy seguro que nos daríamos cuenta inmediatamente que hemos juzgado mal cuánto hemos ascendido en la escalera. La realidad es que incluso hemos escondido nuestro verdadero yo a nosotros mismos, porque allá en el fondo somos pecadores indignos. Estoy de acuerdo con Agustín de Hipona, que dijo: «Aquel que cree que Dios es santo se desesperará tratando de aplacarle.»

Más adelante explicaré por qué algunas personas que dan pasos hacia Dios puede que en realidad se estén alejando de Él. Como veremos, cuanto más nos esforzamos para lograr el cielo, menos probable es que lo alcancemos. *Nuestras buenas obras nos dan un sentido falso de seguridad porque enmascaran nuestra verdadera necesidad.*

Los rituales de la iglesia tampoco nos ayudan. El problema está en que si estoy acumulando gracia por medio de los sacramentos, de las buenas obras y del conocimiento, todavía ignoro cuándo tengo suficiente. Incluso si llegara a poder borrar mis pecados pasados, mañana es otro día.

Hasta los místicos tenían que admitir que cuanto más cuidadosamente miraban en sus corazones, tanto más se daban cuenta de que no podían amar a Dios desinteresadamente. Cuanto más se acercaba a Dios, con mayor claridad veían su mezcla de motivos. Sí, amaban a Dios, pero quizá lo hacían por temor al infierno o por el deseo de realización personal. ¿Quién puede decir que ama a Dios con motivos puros y desinteresados?

Amar realmente a Dios significa que deberíamos odiar el pecado. De forma que estas almas sinceras trataban de odiar aquellos que ellos sabían que amaban en secreto. Aunque se esforzaban por lograrlo, no obstante, no podían desarraigar el pecado de dentro de sus corazones. La codicia, la lascivia, la envidia, el egoísmo, todavía rondaban escondidas dentro del alma. Les quedaba aún por resolver la cuestión de cómo un Dios santo podía encontrarse con ellos dentro de sus almas todavía sin purificar. Cuanto más contemplaban sus propios corazones, tanto más pecado veían.

Cualesquiera que sean las opiniones acerca del camino de los místicos, una cosa es clara: no era accesible para todos. La persona común que tenía que trabajar largas horas para ganar su sustento no disponía del tiempo ni de la oportunidad para dedicar su vida a la contemplación mística. Y si aquellos que sí tuvieron esa oportunidad confesaron que morían sin la seguridad de la salvación, la pregunta era: ¿Para qué molestarse?

Cuando nuestra hija mayor tenía unos diez años de edad, nos convenció de comprarle un hamster. Sentía pena por aquel pequeño animal, corriendo en la rueda todas aquellas horas cada día. Mi respuesta fue ponerle unas gotas de aceite en el eje de la rueda a fin de no escuchar el chirriar que procedía de la jaula. Si usted va a dedicarse a correr en una rueda a semejanza de un hamster, al menos hágalo de tan manera que no moleste a otros.

Sí hay tales cosas como una noria religiosa. Cuando estamos en la noria, no hay alivio del reconocimiento diario de que todo lo que hagamos nunca es suficiente, y no hay escapatoria de la angustia de que, después de haber gastado toda nuestra energía, Dios puede poner la barra un poco más arriba. Simpatizamos con el hombre que temía oír al Señor decirle a la Madre Teresa que ella podía haber hecho un poco más.

Algunos han escogido dejar la noria religiosa por completo. Han dejado la religión a sus espaldas y parecen estar contentos con hacer todo lo mejor que pueden, confiando que todo irá bien al final. Muchos se sienten mejor por haberlo hecho.

EL CAMINO ANGOSTO QUE LLEVA A LA VIDA

C.S. Lewis dijo: «El camino más seguro al infierno es el que es gradual; la bajada suave, el caminar sin asperezas, sin giros inesperados, sin hitos, sin indicadores.» O, como hemos aprendido, es la autopista en buenas condiciones, atractiva y con indicadores equivocados. Usted llega a convencerse de que toda esa gente bien intencionada no puede estar errada.

Pero si los carriles que parecen tan derechos son parte del camino «espacioso...que lleva a la perdición» como Cristo lo expresó, ¿cómo podemos reconocer el camino angosto que lleva a la vida? ¿Y cómo podemos estar seguros de que el camino que escogemos es el correcto? Estas preguntas las responderemos completamente más tarde, pero por ahora, dada nuestra situación, pensemos a que se asemejaría el camino angosto.

En razón de que siempre fallamos en el intento de subir la escalera hacia Dios, necesitamos que sea Dios mismo quien descienda para rescatarnos. Necesitamos que Dios inicie un plan que es tan radical, tan drástico, que es independiente de nuestros manchados esfuerzos. Necesitamos un gran plan capaz de vencer todas nuestras faltas.

Necesitamos un camino que no apela simplemente a aquellos que tienen una inclinación hacia la religión; necesitamos una ayuda que no esté limitada a aquellos que han crecido en buenos hogares y que se las han arreglado para no meterse en problemas. El camino angosto tiene que funcionar para las personas sin tener en cuenta el origen racial, o sus ventajas, o desventajas, sociales o económicas.

En realidad este camino debería estar abierto para aquellos que han fallado mucho. Usted puede que conozca alguna persona que es un alcohólico, un violador, o incluso un asesino que está tan debilitado moralmente, o tan degenerado, y ha hecho tanto daño que no puede ni siquiera subir hacia Dios por la escalera más fácil. Algunos individuos, hablando figurativamente, han caído por completo de la escalera. En verdad todos lo hemos hecho.

El pastorear en el centro de Chicago por tantos años, me ha llevado a darme cuenta de que hay muchos (más de los que nos gustaría admitir) que han hecho cosas terribles que no pueden cambiar. He conocido a individuos que han destruido las vidas de otros por medio del abuso, de las drogas y crímenes. Algunos tienen matrimonios deshechos, hijos enojados y carreras arruinadas. Algunos tienen bien escondidos en su ser pecados que los atormentan en sus momentos de quietud y soledad.

Estas personas no saben por dónde empezar para hacer frente a los sentimientos de culpa y fracaso que tienen. Han hecho demasiado daño para poder salvarse mediante buenas obras, Nadie sabe cuánta gracia necesitarían acumular para llegar a ser suficientemente santos para que Dios los reciba. Para ellos no funcionaría el camino que hemos explorado brevemente.

Por último, si hay un camino que de verdad lleva a Dios, nosotros deberíamos conocerle. Para decirlo de otra manera, deberíamos tener la *seguridad* de que nuestra relación con Dios descansa sobre un fundamento sólido.

Lo que anhelo, y lo que creo que toda persona anhela, es el conocimiento de que mi relación con Dios es segura —permanentemente segura— no sólo para hoy, sino también para mañana y por toda la eternidad. Y un conocimiento así debería estar disponible para todo aquel que con sinceridad lo desea, sin importar cuán ensuciado pueda estar, sin importar cuán grandes sean sus pecados o crímenes.

Ni usted ni yo queremos estar entre aquellos que son echados del cielo por andar en el camino equivocado. Deberíamos aceptar, más que temer, un examen de nuestras convicciones. Cristo enseñó que nuestro destino eterno depende de lo que creemos y de lo que hacemos con estas creencias.

De manera que debemos abordar estas cuestiones con una mente abierta y con el deseo de aprender y de reconsiderar nuestras convicciones. Un día muchos tendrán que admitir, lamentándolo, de que una fe mal dirigida es peor que no tener fe.

La cuestión no es si un camino parece el correcto o si se siente bien en él. La cuestión es: ¿Es el camino de Dios o es lo que yo *pienso* que es el camino de Dios?

Siga sintonizado.

CAPÍTULO DOS

POR QUÉ LA GRACIA ES TAN ADMIRABLE

«Yo era capaz de cualquier cosa. No tenía temor de Dios para nada ... No sólo pecaba yo, sino que tenía como propósito el tentar y seducir a otros.»

Esas palabras fueron escritas por John Newton, quien fue un pecador tan notorio que desafiaba a sus amigos a que pensaran en algún nuevo pecado que no hubiera cometido todavía. Fue un cruel traficante de esclavos que llegó a convencerse a sí mismo de que era un ateo y, sin la luz de Dios en su conciencia, todo era permisible.

Pero el 10 de marzo de 1748, cuando iba a bordo del barco *Greyhound*, el cual estaba siendo azotado por una fortísima tormenta, Newton se acordó de Dios. Después de horas de estar achicando incesantemente el agua que inundaba el barco, Newton convencido de que iba a perecer, le hizo al capitán una sugerencia sobre cómo salvar el barco, y después agregó: «Si no hacemos esto, ¡que el Señor tenga misericordia de nosotros!»

Esta fue la primera vez que él conscientemente hablaba de su necesidad de la misericordia de Dios. La pregunta que ardía en su mente era: «¿Qué misericordia puede haber para *mí*?»

Regresó a achicar el agua mientras las heladas olas le empapaban a él y a su compañero. Al final él y su compinche pararon durante un momento de calma en la tormenta para atarse a la bomba del agua a fin de no ser arrojados al mar por las olas. En su terror empezó a recordar versículos bíblicos que su madre le había enseñado. «Por cuanto llamé, y no quisisteis oír, extendí mi mano, y no hubo quien atendiese, ... También yo me reiré en vuestra calamidad, y me burlaré cuando viniere lo que teméis» (Pr. 1:24, 26). Él se había reído de Dios; ahora Dios se reía de él. Aquellas palabras volvían sin cesar a su mente.

Cada vez que el barco se encabritaba y una montaña de agua lo envolvía, se convencía de que en cualquier momento la nave se haría añicos. Pero él todavía no estaba seguro de que la religión cristiana fuera la verdad. Había ridiculizado los milagros del Nuevo Testamento por tanto tiempo que ahora le resultaba difícil creer.

Al día siguiente, cuando la tormenta aminoró, los marineros regresaron a sus tareas sin dar gracias a Dios por haber sido librados de la muerte. Newton, sin embargo, encontró un Nuevo Testamento que había a bordo y empezó a leerlo. Leyó capítulo tras capítulo hasta que se persuadió de que la muerte de Cristo en la cruz fue a su favor. «Satisfacía mi necesidad perfectamente», escribió más tarde. «Necesitaba a alguien que estuviera entre mí y un Dios santo que debía castigar mis pecados y blasfemias. Necesitaba un Salvador suficiente que se interpusiera y me librara de mis pecados ... Vi que Cristo cargó con mi castigo para que yo pudiera ser perdonado.»[1]

Veintisiete días más tarde, la tripulación, débil y hambrienta, llegó a tierra y se salvó. Newton vio esto como algo que venía de la mano amorosa de Dios. Años después escribió el himno que se ha convertido en el favorito de los cristianos de los todos los tiempos:

Oh gracia admirable, ¡dulce es!
¡Que a mí pecador, salvó!
Perdido estaba yo, mas vine a sus pies.
Fui ciego, visión me dio.
(Himno 183, *Himnario Bautista,* C.B.P.)

John Newton nunca más dudó de la gracia de Dios, que es el favor inmerecido que Él nos otorga. Pero mucha gente que nunca ha tenido una experiencia así no entiende por qué la gracia es tan verdaderamente admirable. O quizá piensen que un pecador como Newton necesitan una gracia especial, pero ellos no la precisan. Ven la gracia como algo lindo, útil e incluso necesario, pero no *admirable.*

Aquí hay algo de lo que puede estar seguro: *Cuanto mejor se vea usted a sí mismo, menos gracia piensa que necesita.* Cuanto más seguro se sienta de sí mismo, tanto más convencido estará de que puede salir adelante incluso aunque Dios estuviera escaso de gracia. Por supuesto, usted lucha con el pecado, pero eso es parte de la situación humana. Todo lo que necesita es algo de ayuda de parte de Dios y un poco de determinación personal. Usted puede lograr ser lo suficientemente bueno como para que Dios le acepte. Todo lo que necesita es ponerse serio y limpiar la casa. Si la gracia puede ayudarle, ¡estupendo!

A John Callaway, un reconocido entrevistador de la televisión en Chicago, le preguntaron acerca de su fe religiosa. Él respondió: «Estoy luchando, pero no voy ganando la batalla. Estoy viviendo en el conocido estado de pecado y, en consecuencia, pienso que estoy separado de Dios. Lo único que me salva es que soy consciente de ello y que algún día haré algo sobre el asunto, si es que vivo lo suficiente.»[2] Agregó: «Sólo es cuestión de que me lo tome en serio.»

¡Algún día, cuando me lo tome con seriedad, haré algo sobre el asunto.

Incluso si Callaway hubiera añadido: «Con la ayuda de Dios, haré algo al respecto cuando me lo tome con seriedad», hubiera mostrado que no entendía lo que era la gracia. Para él, aparentemente, la gracia era algo apreciable, pero no admirable. Si él se lo tomaba en serio y hacía su parte y Dios amorosamente ponía la suya, lograrían hacerlo juntos.

Dios nos ve de manera diferente. El Nuevo Testamento pinta un cuadro infernal de lo que es nuestra vida sin la gracia de Dios. Por supuesto, el esfuerzo personal y la disciplina pueden cambiarnos, pero no nos ayudará un ápice en acercarnos a Dios. Nuestra condición es mucho peor de lo que jamás hemos imaginado. *Hasta que no sabemos cuán mal estamos no apreciamos cuán bueno es Dios.* La gracia de Dios entonces llega a ser admirable en verdad.

LA VIDA SIN LA GRACIA

Así que, ¿cuán mal estaríamos sin la gracia? En el Nuevo Testamento, Pablo compara a sus lectores con cadáveres en un cementerio. «Estabais muertos en vuestros delitos y pecados, en los cuales anduvisteis en otro tiempo, siguiendo la corriente de este mundo, conforme al príncipe de la potestad del aire, el espíritu que opera en los hijos de desobediencia» (Ef. 2:1, 2).

Esto no quiere decir que aquellos que nunca han recibido la gracia de Dios son siempre mezquinos o hacen cosas malas. Me he encontrado con personas que no quieren que los llamen cristianas, pero que son generosas y amables; ellos quizá no crean para nada en la gracia (como la describimos aquí). Pero incluso así, debido a que son pecadores como el resto de nosotros, la Biblia enseña que están «muertos ... en delitos y pecados». Hay una barrera entre ellos y Dios y sólo la gracia puede vencerla.

Examinemos nuestro pasaje bíblico y tratemos de entender esta descripción tan poco halagüeña. No es un retrato bonito, pero creo que usted estará de acuerdo en que suena a verdadero.

Somos los muertos que andan

Todos hemos estado en cementerios caminando por los pasillos entre sus hileras de tumbas. No es que los cuerpos que yacen en ellas estén débiles o enfermos; sino que están completamente imposibilitados. Si es que van a volver a la vida, necesitarán algo más que simple ayuda: *precisarán un milagro.*

Imagínese la sorpresa si en un funeral el predicador o el sacerdote se dirigiera al cadáver y dijera: «Si usted se lo toma en serio, podría levantarse, salir de la caja y caminar.» Lo más probable es que alguien llamaría a las autoridades y se lo llevarían de allí.

En el sentido espiritual, estamos muertos para Dios; y al menos que Él nos dé el milagro de la vida, seguiremos muertos. Pablo, por supuesto, no está diciendo que los efesios estuvieran físicamente muertos, sino espiritualmente. Todos aquellos que están «muertos ... en delitos y pecados» pueden ir a escuchar un concierto de música, ver la televisión o salir a pasear. Algunos pueden estar incluso leyendo este libro, lo que prueba que pueden hacer muchas cosas estando vivos en este mundo, pero muertos para Dios.

Cuando nuestra hija Lisa tenía cuatro años de edad, dijo: «Mamá, mi osito de peluche sabe que él no es de verdad.» Nos reímos, por supuesto. Pero cuando se para a pensarlo, sólo un verdadero osito de peluche puede saber que no es real.

No me mal entienda. Los ositos de peluche no pueden saber que no son reales (o irreales), y no tienen el poder de hacerse a ellos mismos reales. Lo mismo sucede con aquellos que están enterrados en los cementerios. Un muerto no puede darse vida a sí mismo; sólo Dios puede devolverle la chispa de la vida. Para seguir con la analogía: esperar que la gente rectifique su relación con Dios por sí mismos es esperar lo imposible. No podemos volvernos a la vida por nosotros mismos, incluso si nos lo tomamos en serio.

Dejándonos a nuestras expensas, estamos tan desconectados de Dios como cuando la clavija de una lámpara eléctrica ha sido quitada del enchufe. Y no podemos restaurar la corriente. Sin Cristo somos «los muertos que andan».

Pablo nos explica ahora con detalle lo que esto quiere decir.

Satanás nos está engañando

«¡El diablo me empujó a hacerlo!» es una frase popularizada por el actor cómico Flip Wilson en la década de los setenta. El diablo puede tener algo que ver con ello, pero él no nos lo hizo hacerlo. Nosotros al menos hemos cooperado. Pero sí, somos engañados por Satanás y sus demonios. Pablo dijo que andamos «conforme al príncipe de la potestad del aire, el espíritu que ahora opera en los hijos de desobediencia» (Ef. 2:2). Estamos influenciados por aquel que es el «príncipe de este mundo» quien está continuamente actuando entre «los hijos de desobediencia».

Cristo enseñó que Satanás tiene la habilidad de poner pensamientos en nuestras mentes que creemos que son nuestros. Pero él no puede hacer eso a menos que nosotros hayamos escogido seguir nuestra propia sabiduría y nuestros propios deseos. Bien que la influencia sea remota o directa, grande o pequeña, un espíritu malo con muchos ayudantes vaga por la tierra tratando de evitar que las personas comprendan la verdad. Eso agrava nuestra falta de vida: el vació espiritual que llena nuestro corazón.

Agravamos el problema por medio de su negación, al pensar que somos alguien que realmente no somos. Esté o no de acuerdo con todo lo que Martín Lutero escribió, tendrá que reconocer que describió de una manera muy interesante cuán engañado estamos de verdad sin la intervención de Dios. Él escribió que el hombre natural era «un desgraciado y estaba cautivo, esclavizado, enfermo y muerto, y que por causa de la actuación de Satanás, su señor, añadía a sus otras miserias la ceguera; de manera que creía que era libre, feliz, poderoso, completo y vivo».

Ya es malo de por sí el estar ciego y muerto, pero imagínese que lo está mas piensa de sí mismo que ve y está vivo.

Estamos depravados

Pablo también dijo: «Entre los cuales también nosotros vivimos en otro tiempo en los deseos de nuestra carne, haciendo la voluntad de la carne y de los pensamientos, y éramos por naturaleza hijos de ira, lo mismo que los demás» (Ef. 2:3).

Pecamos con tanta naturalidad como un pájaro echa plumas. No somos pecadores porque pecamos; sino que pecamos porque somos pecadores.

El pecado no es otra cosa que ponerme a mí mismo primero, sirviéndome a mí mismo lo mejor que puedo. El pecado no es ante todo el cometer adulterio, robar o matar. El primer mandamiento es amar a Dios con todo nuestro corazón, con toda nuestra alma, y con toda nuestra mente (véanse Mt. 22:37 y Dt. 6:5). De lo que se infiere que cuando nos amamos a nosotros mismos más que a Dios, estamos cometiendo lo que podemos considerar el mayor de los pecados.

El pecado es decidir hacer lo que quiero sin hacerlo en sujeción alguna a la voluntad y plan de Dios. Es por eso por lo que puedo estar pecando cuando pienso que estoy bien tal como voy. En realidad puedo estar *especialmente* pecando en el momento que pienso que estoy bien.

Y aunque piense que voy bien por mí mismo, la honradez me obliga a darme cuenta de que la vida sin Dios tiene muy poco significado auténtico. Sienta la falta de vida que se da en el vivir ordinario expresado en estas líneas que un amigo mío encontró en una pintura en uno de sus cafés favoritos:

He tomado la píldora,
me he subido la falda hasta los muslos,
la he bajado hasta los tobillos,
me rebelé en la universidad
y esquié en Aspen.
He vivido con dos hombres
y me casé con uno.
Me he ganado mi sustento,
he conservado mi identidad,
y francamente...
ESTOY PERDIDA.

«Si esto es vivir, ¿por qué me siento tan vacío?» Esto es lo que muchos se preguntan, incluso aunque que tengan todos los amigos que el dinero puede comprar. Hasta la gente religiosa puede experimentar esta vaciedad. Todo aquel que busca significado para su vida en los lugares equivocados confesará, si es honrado, que la vida parece trivial y sin un gran propósito.

Quizá usted piense que he exagerado el problema. Pero recuerde que sólo estoy tratando de ayudar a entender lo que Pablo escribió en el Nuevo Testamento. A estas alturas ya deberíamos tener claro que no estamos en condiciones de cuidar de nuestras relaciones con Dios. Necesitamos una buena dosis de gracia, un gran milagro, un aliento de vida espiritual de parte de Dios. Necesitamos que Dios venga a rescatarnos. Nada menos de lo que una resurrección haría.

La gracia tiene que ser admirable o estamos perdidos.

LAS CARACTERÍSTICAS DE LA GRACIA ADMIRABLE

Si la gracia de Dios va a venir a rescatarnos, tiene que ser lo suficientemente poderosa y misericordiosa para sacarnos de donde estamos y llevarnos a la presencia de Dios. Pablo continúa: «Pero Dios, que es rico en misericordia, por su gran amor con que nos amó, aun estando nosotros muertos en pecados, nos dio vida juntamente con Cristo (por gracia sois salvos), y juntamente con él nos resucitó, y asimismo nos hizo sentar en los lugares celestiales con Cristo Jesús» (Ef. 2:4-6).

¡Dios ha entrado en el cementerio!

La gracia nos viene aparte de las buenas obras

Dios examinó a la raza humana y sacó la conclusión de que no podía contar con nuestra cooperación para reconciliarnos con él. Nuestra caída calaba todo nuestro ser: nuestras mentes están contaminadas por el pecado, nuestras almas están manchadas, nuestras voluntades están paralizadas. Seamos buenas personas o no, nos hallamos metidos en serias dificultades.

El apóstol Pablo le hubiera dicho a John Callaway: «No sólo eres incapaz de arreglarlo, sino que tus mismos intentos de hacer algo complican el problema. *¡No hagas nada por tu cuenta hasta que no hayas entendido lo que Dios ha hecho!»*

Confío que por fin estemos en condiciones de definir la palabra *gracia*. La gracia es el favor inmerecido de Dios. Es el don que deja a un lado todos los méritos humanos. No simplemente nos echa una mano, sino que nos resucita. La gracia es lo que Dios hace.

La gracia significa que Dios da el primer paso hacia nosotros. Sí, nosotros damos un paso, porque a diferencia del osito de peluche de nuestra hija, nosotros tenemos mente, emociones y voluntad. Pero nuestro pequeño paso es simplemente la respuesta a lo que Dios ya ha hecho. La gracia significa que Dios nos dirige la palabra, nos da vida espiritual, y nos capacita para estar delante de Él. Él desciende por la escalera que nosotros intentábamos escalar, nos da la mano y nos lleva a su presencia.

Si el plan de rescate de Dios hubiera incluido nuestros propios esfuerzos, la gracia quedaría disminuida y la salvación ya no sería por completo la obra de Dios. «Y si por gracia, ya no es por obras; de otra manera la gracia ya no es gracia» (Ro. 11:6). Algunas cosas pueden coexistir, pero no pueden hacerlo los esfuerzos humanos y la gracia que trae salvación.

Con el fin de despejar el camino para su propia actividad, Dios eliminó toda buena obra humana: pasada, presente y futura. Su acción tenía que ser pura, incontaminada por nuestros mejores esfuerzos. Tenía que actuar solo. Nuestros esfuerzos propios tenía que ponerlos en un estante etiquetado: «Inadecuado.»

Si Dios hubiera encontrado algo realmente bueno dentro de nosotros Él podía haberlo usado, habría estado obligado a reconocerlo y a compensarnos por ello. Si Dios nos debiera a nosotros la salvación, todo el sistema de la gracia se hubiera venido abajo. Pero su análisis le llevó a la conclusión de que todas nuestras buenas obras estaban contaminadas. Incluso en nuestros mejores días, nuestros motivos están mezclados. No es sólo cosa de nuestras acciones, es quienes somos: pecadores con una brecha infinita de separación entre nosotros y Dios.

La gracia significa que no merecemos nada y que nada podemos hacer. *Dios viene a nuestro lado y hace lo que nosotros no podemos hacer.*

La gracia no queda afectada por el grado de nuestro pecado

¿Qué acerca de aquellos que realmente han arruinado su vida? Me refiero a aquellos que están hundidos en una auténtica maraña, sin muchas esperanzas de recuperarse de sus locuras. Piense, por ejemplo, en aquella persona que usted cree está más ensuciada y hundida. ¿Puede salvarle la gracia?

Supongamos que usted tiene dos cadáveres. ¿Está uno más muerto que el otro? ¿Necesita uno un milagro mayor que el otro para ser restaurado a la vida? La realidad es que esa buena persona que vive cerca de usted y el criminal del que lee en el periódico están esencialmente en la misma situación: *ambos necesitan la vida que sólo Dios puede dar.*

Todos aquellos que vivíamos en Chicago en 1994 recordamos la conmoción que rodeó la ejecución de John Wayne Gacy, un criminal convicto de la muerte de treinta y tres jóvenes y de esconderlos en un espacio debajo de su casa. Los medios de comunicación querían presentarlo como un monstruo que apenas era miembro de la raza humana. Lo que más me impresionaba a mí, sin embargo, era lo normal que parecía. En realidad se parecía mucho a alguien que conozco bien.

Gacy no tenía cuernos. No se le veía como si los diablos estuvieran saliendo de su cuerpo. Lo que pasó desapercibido en las noticias es que él era un hombre ordinario con el que todos nosotros, miembros de la familia humana, tenemos mucho en común. Él era simplemente un ser humano que decidió seguir a toda costa deseos sexuales pervertidos.

Gacy es un recordatorio de unas palabras de sabiduría que leí en alguna parte: «El pecado siempre te lleva más lejos de lo que tú pensabas ir, te retiene más tiempo de lo que pensabas quedarte, y te cuesta mucho más de lo que pensabas pagar.» Cuando él empezó su estilo de vida pecaminoso, no tenía ni idea de dónde iba a terminar.

Alexander Solzhenitsyn, que tenía una percepción más aguda del corazón humano que muchos de nosotros, se dio cuenta de que los males del Gulag no pertenecen a una sola raza, país o ideología. A este efecto, él escribió: «Si solamente hubiera gente mala en alguna parte cometiendo insidiosamente maldades, y si sólo fuera necesario separarlos del resto de nosotros y destruirles; pero la línea divisoria del bien y del mal pasa a través del corazón de todos los seres humanos.»[3] Aparte de la gracia, todos vamos por el mismo camino. Algunos caen en la zanja y se quedan allí un poco. Otros caen, arrastran allí a otros con ellos, y levantan una casa.

Piense en ello de esta manera. El rascacielos de la empresa Sears en Chicago es bastante más alto que el edificio del Banco Nacional LaSalle. Desde nuestra posición ventajosa aquí observamos que hay un gran diferencia entre la altura de ambos edificios. Pero supongamos que hacemos la pregunta de otra manera y preguntamos cuál de esos dos edificios está más cerca de la constelación Orión, que está a varios miles de años luz de la tierra. Sin duda alguna, la cima del edificio Sears está más cerca de dicha constelación que el edificio del banco, ¿pero importa eso realmente? *Ante la realidad de millones de kilómetros de distancia, no hay diferencia apreciable de altura entre los dos.*

No malentienda lo que estoy diciendo. Es mucho mejor, por supuesto, ser un ciudadano decente que John Wayne Gacy. Es mucho mejor, claro está, ser un hombre honrado qur robar los fondos de la empresa. Desde nuestro punto de vista estas distinciones son muy significativas, y son también importantes para Dios. *Pero espiritualmente hablando, incluso el mejor de nosotros está todavía a infinita distancia de Dios.* Si nos olvidamos de esto es porque hemos sobreestimado nuestra bondad y hemos subestimado la santidad de Dios.

Las buenas noticias es que Dios puede salvar a los grandes pecadores de la misma manera que puede hacerlo con los menos pecadores. Dios ha declarado que todos somos pecadores y que toda boca debe callar en su presencia. «Porque no hay diferencia, por cuanto todos pecaron, y están destituidos de la gloria de Dios» (Ro. 3:22, 23). Algunos se quedan más cortos que otros, pero en razón de que la norma es la gloria de Dios, ninguno damos la medida. Esa es la razón por la que leemos que, desde el punto de vista de Dios, «no hay diferencia».

Pablo escribió en otra parte: «Porque Dios sujetó a todos en desobediencia, para tener misericordia de todos» (Ro. 11:32). Somos iguales en nuestra incredulidad, iguales en nuestro pecado, y, por tanto, iguales en nuestra necesidad de gracia.

No hay evidencia de que John Wayne Gacy aceptara la gracia de Dios que nos da en Cristo, pero si lo hubiera hecho, él también habría muerto como un hombre perdonado. He aquí un mensaje de esperanza: *La cuestión nunca es cuán grande es nuestro pecado, sino la disposición del pecador de salvarse.* E incluso esta disposición, este deseo de aceptar lo que Cristo ha hecho por nosotros, Dios nos la da por gracia: «Ninguno puede venir a mí, si el Padre que me envió no le trajere; y yo le resucitaré en el día postrero» (Jn. 6:44). Esas palabras son de Cristo, no mías.

La gracia es un don gratuito

Si usted ha seguido la lógica de nuestro razonamiento hasta aquí, sabe que la gracia tiene que ser un don gratuito. Puesto que es independiente de las buenas obras y que es totalmente de Dios, debe ser dado sin condiciones. Seguimos ahora el argumento de Pablo un paso más: «Porque por gracia sois salvos por medio de la fe; y esto no de vosotros, pues es un don de Dios; no por obras, para que nadie se gloríe» (Ef. 2:8, 9).

Cuando era niño, mis padres quería que escucháramos los programas de la radio. Había un hombre que me fascinaba de manera especial por su voz y por su abordamiento práctico a la enseñanza de la Biblia; pero también le recuerdo de una vez que dijo algo que no tenía sentido. Al final del programa dijo: «Si usted me envía cinco dólares, yo le enviaré a usted este libro completamente gratis.»

Incluso a la edad de diez años, sabía que eso era una contradicción. Si realmente quería decir que el libro era gratis, él no sólo lo hubiera enviado a todo el que lo pidiera, sino que también habría pagado el gasto de correo necesario para enviarlo. *¡Eso es lo que Dios hace!*

Pablo lo expresó de esta manera: «Porque la paga del pecado es muerte, mas la dádiva de Dios es vida eterna en Cristo Jesús Señor nuestro» (Ro. 6:23). Sí, tenía que ser un don —no ganado e inmerecido— demasiado costoso para poder pagarlo.

En alguna parte leí acerca de un misionero que se hizo buen amigo de un buscador de perlas hindú. Habían hablado sobre la salvación durante muchas horas, pero el hindú no podía creer que podía ser un don gratuito. Él creía que la salvación podía venir por caminar de rodillas los 1.440 kilómetros que le separaban de Delhi; pero el misionero le decía que la salvación era tan costosa que Jesús tuvo que comprarla para nosotros.

Antes de marchar a su peregrinaje, el hindú le dio al misionero la perla más grande y perfecta que jamás había visto. El buscador de perlas explicó que su propio hijo había perdido la vida al buscar esta perla en el fondo del mar. El misionero le dio las gracias, pero insistió en pagar por ella. El hindú se sintió ofendido, y le dijo que no había dinero suficiente para pagar aquella perla que había costado la vida de su hijo.

En ese momento aquel hombre entendió la verdad: Por eso los cristianos insisten en que nadie puede pagar por la salvación. A Dios le costó la muerte de su Hijo unigénito. Pensar en que podemos pagarlo es un insulto. *La gracia es gratuita para nosotros, pero muy costosa para Dios.*

Dios es tan rico, suponemos nosotros, que Él no necesita comprar nada; pero hay algo que Dios sí ha tenido que comprar: su pueblo. No fuimos redimidos con cosas perecederas, como la plata o el oro, «sino con la sangre preciosa de Cristo, como de un cordero sin mancha y sin contaminación» (1 P. 1:19). Pensar que nosotros podríamos pagarlo es una afrenta. Es especialmente un insulto cuando intentamos compensarle mediante buenas obras que Él encuentra inadecuadas.

Vamos a estar en deuda con Dios para siempre, pero Él no espera que nosotros se lo recompensemos. Si pensamos que podemos hacerlo, no sólo malentendemos el valor del don, sino que deslucimos la palabra *gracia*. El favor de Dios hacia nosotros es inmerecido, un don de Dios para nosotros. Dios no espera que se lo devolvamos. Él sabe que no podemos.

La gracia es difícil de aceptar

Si cree que todos van a venir corriendo para aceptar la gracia de Dios, se ha equivocado. Hay razones para que el camino de la vida sea angosto «y pocos son los que lo hallan» (Mt. 7:14).

Intuitivamente pensamos que nosotros tenemos que tener una parte en nuestra salvación, hacer algo, realizar algunas buenas obras que nos hagan dignos del don. Algunos hacen esto desarrollando pena por el pecado. Ese dolor es apropiado y se espera, pero eso no es la base para el amor de Dios hacia nosotros. El pesar no nos hace más dignos de la gracia de Dios. Nos puede llevar a entregarnos a su gracia, pero nunca nos va a hacer más «presentables».

Alguien me dijo: «Cuando me haga mayor buscaré a Dios porque entonces ya no seré tan propenso a la caída.» Cada vez que nos encontramos a una persona que habla de esa manera, nos damos cuenta que todavía no ha entendido lo que es la gracia. Todavía piensa que puede acercarse a Dios tal cual es.

Hace muchos años aconsejé a una pareja que había venido a la iglesia porque su matrimonio se estaba deshaciendo. Saqué la impresión de que la señora había arrastrado al marido a la reunión. Podía asegurar que él deseaba estar allí tanto como un billete falso quiere ser visto en la bandeja de las ofrendas.

Habían pertenecido a un club de intercambio de esposas, y ella había llegado recientemente a comprender lo que significaba la gracia de Dios. Recibió el milagro de vida nueva que Cristo ofrece, y la transformó por completo. Ella quería ahora que su esposo se arrepintiera y experimentara el mismo milagro.

Cuando hablé con él, me dijo: «Le mentiría si le dijera que no voy a continuar en el club, soy un adicto.» Él admitía, por supuesto, que lo que estaba haciendo era pecaminoso y destructivo, pero sentía que la tentación era demasiado fuerte. No podia cambiar. Se sentía atrapado en ese estilo de vida.

Le pregunté si estaría dispuesto a admitir su pecaminosidad e impotencia, a confesar que no podía cambiar por sí mismo. Le insté también a que reconociera que sólo Cristo podía perdonar su pecado y darle el milagro de la vida eterna. Le expliqué que él no sólo necesitaba la ayuda de Dios; que incluso necesitaba algo más que el perdón de Dios. Precisaba el poder de Dios de principio a fin.

Por primera vez en su vida se humilló para recibir la gracia de Dios, para aceptar a Cristo como aquel que murió en su lugar para pagar por sus pecados. Pensé en este hombre por cierto tiempo, confiando que el evangelio mostrara su poder en él.

Para mi alivio vino a verme a mi oficina para decirme que había dejado el club y que iba a matricularse en una escuela bíblica para servir mejor a Cristo.

Él aprendió dos cosas. Primera, *que la gracia es gratuita para pecadores imposibilitados que saben cuán mala es su situación.* Y segunda, *una vez que se ha recibido el don de la gracia nadie puede volver a ser jamás la misma persona.* Vamos a Dios como somos y estamos, pero Él no nos deja como nos encontró. Usted puede acudir a Él como un homosexual, como un alcohólico o como un adúltero; pero va al único que le puede dar el don de la gracia.

Hay dos clases de personas que huyen de la gracia de Dios. Nosotros mismos probablemente nos hemos sentido desgarrados entre ambos extremos del espectro.

Primero, aquellos que están inundados por sentimientos de culpabilidad escuentran difícil aceptar la gracia. Ellos piensan, *si usted realmente supiera… si conociera mi pasado... si usted supiera los secretos de mi vida... se daría cuenta de que soy demasiado pecador para aceptar la gracia de Dios.* Están convencidos de que Dios está tan enojado con ellos que no tienen esperanza. Se comparan a sí mismos con otros y se consideran mucho peores.

Segundo, el tipo de persona religiosa, el «bueno» que piensa que nunca ha hecho nada muy malo, encuentra difícil aceptar la gracia de Dios. Recuerdo a una persona que una vez me dijo que lo peor que él había hecho en su vida había sido golpear una pelota de golf y romper el cristal de una ventana. ¡Caramba!

Aquellos que pagan sus facturas, que se ofrecen como voluntarios en los hospitales y crían buenos hijos hallan difícil el aceptar la gracia de Dios porque piensan que no la necesitan. Conocen a una docena de personas que son peores que ellos. Miran con detenimiento en sus corazones y se dan cuenta de que ellos jamás podrían haber hecho lo que hizo John Wayne Gacy. Se ven a sí mismos mejores que muchísimos otros. Como un hombre me dijo: «Tengo tantas probabilidades de entrar en el cielo como cualquier otro.»

Estas personas se sienten ofendidas cuando se les dice que en el fondo están tan lejos de Dios como John Wayne Gacy. Se enojan ante la sugerencia de que la distancia entre ellos y Dios es infinita. Se comparan a sí mismos con otros que son peores y se sobreestiman.

Eso explica por qué Jesús dijo que las prostitutas van por delante de mucha gente religiosa en el camino del reino de

Dios. Aquellos que están desesperados es más probable que vean su necesidad de la gracia de Dios que aquellos otros que se sienten seguros de sí mismos. *Aquellos que saben que necesitan un milagro es más probable que reciban la gracia que aquellos otros que piensa que sólo necesitan un poco de ayuda de parte de Dios.*

La gracia puede recibirse

A veces los predicadores, que supuestamente deberían conocer mejor, hablan de recibir la gracia de Dios como si se esperara que entráramos en un regateo con Él. Tengo un amigo que en su testimonio de Cristo Jesús suele decir a la gente que «se comprometan en su lealtad con Cristo». Un evangelista dio una invitación y a los que acudían les decía que estaban haciendo la «promesa de seguir a Cristo». Moví mi cabeza consternado.

El convertido potencial está pensando: *Si tengo que comprometerme a ser fiel a Jesucristo o prometo seguirle, ¿qué pasará si tomo esa decisión y después rompo mi promesa al día siguiente?* Sin duda alguna el aceptar la gracia de Dios resultará en un cambio de estilo de vida; pero no podemos esperar que los muertos anden hasta que no son resucitados y que los ciegos vean hasta que no sean sanados. Los pecadores que nunca ha sido reconciliados con Dios no tienen el poder de cambiar sus estilos de vida, incluso si se tomaran con toda seriedad el querer hacerlo.

A la persona que dice: «Quiero hacer algo en cuanto a mis relaciones rotas con Dios», la gracia responde: «Si de verdad entendieras las cosas no hablarías de esa manera. Dios *hizo* algo en cuanto a tus relaciones rotas con él, y lo único que puedes hacer es humillarte a ti mismo y aceptarlo.»

Lo diré con toda claridad. Cuando vamos a Cristo, no vamos para *dar* sino para *recibir*. No vamos para *hacer lo mejor que podamos*, vamos para *confiar*. No vamos para que nos *ayuden* un poco, sino vamos para ser *rescatados*. No vamos para que nos *hagan mejores* (aunque eso sucede), vamos para que nos *den vida nueva*.

Augusto M. Toplay lo expresó muy bien:

Nada llevo en mis manos,
Solo a tu cruz me aferro;
Desnudo acudo a ti para ser vestido,
Desamparado espero en tu gracia;

Sediento a tu fuente acudo,
¡Lávame, mi Salvador, o muero!

Nos vamos a Cristo para hacer promesas, sino vamos para confiar en su promesa. Es la fidelidad de Dios y no la nuestra la que nos da el don de la gracia.

DOS HOMBRES, DOS CREENCIAS, DOS DESTINOS

Cristo contó una parábola acerca de dos hombres que creían en la gracia. Es interesante observar que sólo uno experimentó el milagro de la aceptación de Dios. El otro, que pensaba que era bueno, fue rechazado.

Cuando el religioso fariseo entró en el templo, oró diciendo: «Dios, te doy gracias porque no soy como los otros hombres, ladrones, injustos, adúlteros, ni aun como este publicano; ayuno dos veces a la semana, doy diezmos de todo lo que gano» (Lc. 18:11, 12).

Si pensamos que estaba jactándose, recordemos que él creía en la gracia. *Daba gracias* a Dios porque no era como los otros hombres; él sabía que sus buenas obras las podía hacer por la bondad de Dios, y él lo admitió. Puedo escucharle decir: «Hasta aquí he llegado por la gracia de Dios.» A Dios le correspondía la honra si él era mejor que otros.

Por el contrario, el publicano que se hallaba cerca de él estaba tan abrumado por sus pecados que ni siquiera levantaba la cabeza al cielo, sino que se golpeaba el pecho y decía: «Dios, sé propicio a mí, pecador» (v. 13).

Cristo agregó: «Os digo que éste descendió a su casa justificado antes que el otro; porque cualquiera que se enaltece, será humillado; y el que se humilla será enaltecido» (v. 14).

Sí, ambos creían en la gracia de Dios. El fariseo que practica su propia justicia pensaba que la gracia de Dios sólo se necesitaba para hacer buenas obras. La gracia de Dios, pensaba él, nos ayuda a ser mejores.

El publicano veía la gracia de Dios de manera diferente. Sabía que si llegaba a salvarse, tendría que ser por medio de un milagro que sólo Dios podía hacer. Él no necesitaba sólo un poco de ayuda; precisaba el don del perdón, el don de la reconciliación. Sólo Dios podía hacer lo que se necesitaba hacer.

El fariseo decía: «Señor, si me ayudas, seré aún mejor y me salvaré a mí mismo.»

El publicano decía: «Dios, sálvame o me hundiré a mí mismo para siempre.»

¿Fue difícil para este pecador —el publicano— recibir la gracia? Depende. Por una parte, no, porque se sintió aliviado al descubrir que había gracia para su necesidad. Por la otra parte, la gracia de Dios resultaba muy difícil de aceptar. La humillante experiencia de tener que admitir su total impotencia aparte de la gracia de Dios no es fácil para ningún hombre. *Por eso el camino de la vida es angosto y pocos son los que los hallan.*

Supongamos que usted está parado a la puerta del templo, y cuando el fariseo pasa de prisa, usted le dice que está espiritualmente muerto. Él se hubiera sentido insultado. Habría admitido que era un pecador, pero, con un encogimiento de hombros, le hubiera recordado que ya estaba haciendo algo sobre el particular y que podía hacer más si se lo tomaba en serio. La gracia era para él de ayuda e incluso necesaria, pero no admirable.

Y eso, al final, marca la diferencia entre aquellos que se salvan y los que se pierden. Aquellos que piensan que pueden contribuir a su salvación creen que la gracia de Dios es estupenda; pero sólo los humildes, aquellos que se ven a sí mismos como Dios lo hace, creen que es admirable de verdad. *La diferencia está entre aquellos que saben que Dios tiene que hacerlo todo y aquellos que piensan que ellos pueden ayudarle.*

La cuarta estrofa del bien conocido y amado himno «Gracia Admirable» expresa la naturaleza maravillosa de la gracia. Ni nuestra vida en la tierra ni nuestra permanencia en el cielo agotará nuestro asombro.

Después de años mil de estar allí,
En luz como la del sol:
Podremos cantar por tiempo sin fin
Las glorias del Señor.

Sí, la gracia es obra de Dios de principio a fin. Nada aportamos nosotros. Dios pone todo lo que necesitamos para ser elevados a su presencia.

¡Admirable de verdad!

NOTAS

1. John Newton, *Out of the Depths* (Grand Rapids: Kregel Publications, 1994).
2. John Calloway, Chicago Tribune, 22 abril 1994.
3. Alexander Solzhenitsyn, *Christianity Today*, 7 febrero 1994.

CAPÍTULO TRES

EL DON SIN EL CUAL NO PODEMOS PASAR

Estoy seguro que usted se ha encontrado con alguien que disfruta haciéndose el pesado.

Un amigo mío asistió a la prestigiosa convención anual de la Asociación de Libreros Cristianos de los Estados Unidos. Con una grabadora en la mano se paseó por la convención haciendo a las participantes una pregunta persistente. Esta es la gente que escribe libros acerca de la vida cristiana y de las últimas tendencias en teología, y cada uno de ellos debería conocer bien la respuesta a la pregunta de mi amigo, pero muchos no respondieron bien.

Lo que especificamente estaba preguntando era: «¿Cree usted que tenemos que ser perfectos para entrar en el cielo?» Unos pocos supieron responder, pero la mayoría vaciló en su respuesta, diciendo, con un encogimiento de hombros, algo así: «No, no tenemos que ser perfectos. Gracias a la misericordia de Dios, Él no lo requiere de nosotros, porque si lo hiciera no entraríamos.»

Ellos creen que Dios es clemente, y tenemos razones para suponer que él nos permitirá a los pecadores entrar en su presencia. En realidad, Él es tan misericordioso que, gracias a Cristo, el nivel ha sido bajado. «Los cristianos», dicen ellos, «no son perfectos, sólo personas perdonadas.» Con un poco de su ayuda, con una dosis de su perdón y algo más de su gracia, lo lograremos.

¿Cómo hubiera respondido usted a la pregunta? Quizá nunca antes había pensado en ello, así que responderé por usted. *El cristianismo, tanto católico como protestante, ha enseñado siempre que tenemos que ser tan perfectos como Dios para poder estar en su presencia.* Nada menos que eso. Así que seamos tan claros como podamos. Si usted no es tan perfecto como Dios, ni siquiera piense que será admitido en el reino celestial. Olvídese de sus sueños.

La respuesta que cada participante debería haber dado es: «Por supuesto, tengo que ser tan perfecto como Dios si quiero estar ante Él y ser recibido en su presencia.» Piense en ello, esto no es sólo la enseñanza de la Biblia, sino que también tiene sentido. ¿Cómo podría un Dios infinitamente puro y santo, que aborrece intensamente el pecado, tener comunión con personas que son todavía consideradas como pecadoras?

La gracia de Dios no significa que el nivel ha sido rebajado. No quiere decir que Dios ha pasado por alto nuestros pecados. Sí, la gracia de Dios significa que podemos ser perdonados, pero significa mucho más que eso. Pero me estoy anticipando.

Ahora bien, si tenemos que ser tan perfectos como Dios para entrar en el cielo (y así es), tenemos entonces un problema obvio. En el último capítulo describí todo lo mejor que pude cuán malos somos en realidad cuando somos dejados a nuestros recursos. Somos pecadores por naturaleza y pecadores por elección. Algunos de nosotros hemos hecho cosas terribles. Nunca me he encontrado con alguien que crea que es tan perfecto como Dios.

Así que la cuestión es esta: ¿Cómo podemos llegar a ser tan perfectos como el Dios todopoderoso? Eso parece demasiado, pero ese es el tema de este capítulo.

LA LUCHA DE UN HOMBRE POR ALCANZAR LA PERFECCIÓN

Tengo algunos amigos católicos que piensan que Martín Lutero fue un renegado, un hombre perturbado que estaba enojado con la iglesia de su tiempo por razones personales mezquinas. No voy a defender todo lo que Lutero dijo o escribió. Él dijo e hizo algunas tonterías. A veces fue grosero y a menudo estaba enojado.

Pero sea usted católico o protestante, tiene que apreciar la lucha personal del reformador. Yo no soy luterano, pero la experiencia de Lutero tiene algo que decirnos a todos nosotros. Antes de descartarle por completo, debemos tratar de descorrer la cortina y entender la guerra interna de su alma.

Lutero estaba preocupado con lo que podemos llamar la periódica desesperación de su alma. Estaba plagado con una aguda conciencia de sus propios pecados. A pesar de que lo procuró, no podía encontrar paz.

Le enseñaron la verdad, aparentemente perdida para nuestra generación, de que tenemos que ser tan perfectos como Dios para entrar en el cielo. Pero la senda para llegar a ser perfecto, o santo, era tortuosa y llena de obstáculos. Todos aquellos que se tomaban la fe en serio se aprovechaban para su beneficio de los medios de gracia ofrecidos por la iglesia, y Lutero lo hizo así todo lo mejor que pudo.

La iglesia ofreció a las personas la posibilidad de embarcarse en un viaje hacia la santidad. Aquellos pocos que obtuvieron esa perfección fueron canonizados como santos, y aparentemente calificaron para entrar en el cielo inmediatamente después de fallecidos. Aquellos que no obtuvieron este grado de santidad iban al purgatorio todo el tiempo necesario a fin de purgarse de sus pecados. Al final ellos también calificarían para las perfecciones del cielo, aunque ninguno sabía cuando.

Lutero anhelaba ardientemente la seguridad de que cumpliría con todos los requerimientos de Dios. Ayunaba por tantos días seguidos que sus amigos temieron por su salud. Se ponía a menudo ropas ásperas de penitente y dormía en su celda fría sin cobijas para eliminar los deseos de la carne. Pero a pesar de todo lo que hiciera, nunca parecía que fuera suficiente.

Segundo, se aprovechó de los sacramentos de la iglesia. La confesión le proporcionaba algo de consuelo. Para hacer memoria de sus pecados, empezaba a recitar los siete pecados capitales y los Diez Mandamientos. A veces hacía confesiones de pecado de hasta de seis horas y más tarde volvía a su confesor, Staupitz, porque recordaba un pecado que se le había pasado. Un día Staupitz estaba tan exasperado que le dijo: «Si tú esperas que Cristo te perdone, ven con algo para perdonar: parricidio, blasfemia, adulterio, pero no con esos pecadillos.»

Algunos han sugerido que Lutero padecía de cierto desequilibrio mental porque estaba tan preocupado con semejantes pequeñeces; pero él era quizá el único hombre sano en el monasterio. Él sabía que no importaba si el pecado era grande o pequeño, sino si había sido perdonado. Incluso el más pequeño pecado era suficiente para cerrar la puerta del cielo para siempre. Sabía que una imperfección nos excluiría de la inimaginable majestad de Dios.

En su búsqueda por la perfección, Lutero llegó a un callejón sin salida. Le habían enseñado que para que los pecados pudieran ser perdonados, tenían que ser confesados. Su problema era (1) que no podía estar seguro que podía recordar todos sus pecados; (2) que podía haber hecho algunas cosas que no se había dado cuenta que eran pecado, y que quedarían sin confesar; y (3) que incluso si él recordaba y confesaba todos sus pecados, mañana era otro día, y el proceso tenía que empezar otra vez de principio a fin.

Para complicar las cosas todavía más, se dio cuenta de que toda su naturaleza estaba corrompida. No era un pecador porque pecaba; sino que —mucho más inquietante— él pecaba porque en sus raíces profundas era un pecador. Había no sólo hechos que tenía que confesar sino pensamientos también. Cuanto más años viviera, más habría de todo ello. En consecuencia, más penitencia, más confesión, más oraciones.

En alguna parte leí un buen consejo: «Cuando estás en un agujero, la primera regla es parar de cavar.» Lutero se hallaba en un agujero, y seguía cavando, tratando de salir del pantano de pecado que había en su corazón. Pero no podía liberarse a sí mismo, incluso aunque invocaba la ayuda de Dios. En su desesperación, fue más allá de lo que la iglesia había establecido; pero con todo no estaba seguro de que hubiera satisfecho a Dios ni en un solo punto. Para Lutero, la promesa de vida eterna era como si a un ciego le prometieran un millón de dólares si solamente abría sus ojos para ver. La promesa era maravillosa, pero las condiciones eran imposibles.

En 1511, Lutero fue nombrado profesor de filosofía en la nueva universidad de Wittenberg, que había sido fundada por el Elector Federico. Lutero disfrutaba de su trabajo, pero su conciencia no podía ser silenciada. Un día que Staupitz le visitó, le sugirió que empezara a enseñar la Biblia con la esperanza de que encontrara consuelo para su alma.

Y así fue como en 1513 Lutero empezó a dar clases sobre los Salmos y llegó al primer versículo del Salmo 22: «Dios mío, Dios mío, ¿por qué me has desamparado?» Él sabía que estas eran las palabras citadas por Cristo en la cruz. Cristo también experimentó la angustia, porque su alma estaba desesperada. Lutero se dio cuenta que esto era porque Cristo había cargado con nuestro pecado.

En su estudio del libro de Romanos, él pronto se encontró con las palabras: «Porque no me avergüenzo del evangelio, porque es poder de Dios para salvación a todo aquel que cree;

al judío primeramente, y también al griego. Porque en el evangelio la justicia de Dios se revela por fe y para fe, como está escrito: Mas el justo por la fe vivirá» (Ro. 1:16, 17). Lutero luchó con la expresión «la justicia de Dios», que él correctamente entendió como un atributo que está sobre nosotros, nos juzga y nos encuentra indignos. Es la justicia de Dios la que expone nuestra débil justicia y nos hace parecer tan deficientes.

«Cristo a veces no me parece nada más que un juez enojado que viene a mí con una espada en su mano», comentó Lutero. La revelación de la justicia de Dios, pensó él, no son buenas noticias, sino malas. En base de que somos castigados por no estar a la altura exigida por la justicia de Dios, no resultaba muy reconfortante saber más acerca de cuán santo era Dios. Sólo servía para convencernos más de que somos pecadores. Podemos incrementar nuestras buenas obras, pero el nivel de Dios queda todavía muy lejos. El pensamiento de esforzarse más le llevó a Lutero a una mayor depresión.

Él describió su lucha de esta manera: «Mi situación era que, aunque le tenían como un monje impecable, estaba ante Dios como un pecador atormentado en su conciencia, y que no tenía seguridad de que mis méritos le fueran a apaciguar. Por tanto, no amaba a un Dios justo y enojado, sino que mas bien le odiaba y murmuraba contra Él.» Son palabras fuertes, pero Lutero estaba desesperado.

Afortunadamente continuó estudiando los siguientes capítulos de Romanos y su mente se iluminó. Descubrió que había también una justicia *de parte* de Dios, que es un don para los pecadores. Para nosotros ésta es una justicia ajena porque no es parte de nuestra naturaleza, ni tampoco es algo que se fusione con nosotros. Permanece externa a nosotros. *Es una justicia que Dios acredita a los pecadores que creen en Cristo.*

Escuchemos a Pablo: «Pero ahora, aparte de la ley, se ha manifestado la justicia de Dios, testificada por la ley y por los profetas; la justicia de Dios por medio de la fe en Jesucristo; para todos los que creen en él. Porque no hay diferencia, por cuanto todos pecaron, y están destituidos de la gloria de Dios» (Ro. 3:21-23). Hay un *don* de justicia de parte de Dios que viene aparte de las buenas obras.

Estamos agradecidos, por Lutero y por nosotros, que Dios puede darnos lo que nosotros jamás podríamos conseguir. «Concluimos, pues», escribió Pablo, que el hombre es justificado por fe sin las obras de la ley» (3:28). Hay una aguda distinción entre la justicia de Dios y la justicia del hombre. La justicia de Dios no es simplemente la justicia del hombre elevada al más alto nivel; no, es algo completamente diferente. Así como un millón de plátanos sumados juntos jamás harán una naranja, de igual manera toda la justicia humana realizada desde Adán y sumada junta, nunca podrá cambiar la actitud de Dios hacia un solo pecador. Hay una abismo infinito entre la justicia de Dios y la nuestra.

La justicia de Cristo es la clase exacta de justicia que Dios demanda, porque, obviamente, es la suya propia. Con ella a su favor, el hombre puede presentarse ante Dios.

La cuestión entonces se plantea así: «¿Qué debemos hacer nosotros para recibir esta justicia y obtener la posición correcta para con Dios?» La respuesta es que su justicia es un don que tiene que recibirse por fe. Es dada a aquellos que se olvidan de sus propios esfuerzos y confían en Cristo para recibir de Él algo que no tienen. Esta justicia, una vez recibida, lleva al hombre con absoluta seguridad al cielo.

No nos asombra que Lutero al abrazar este descubrimiento le causara sentirse «nacido de nuevo y entrar por las puertas del paraíso». Cristo hizo por él lo que sus buenas obras jamás podían hacer.

Esto es conocido como la «justificación por la fe», la cual puede ser definida como *la decisión de Dios de declararnos tan justos como Él es.* El castigo que merecían nuestros pecados ha sido pagado por Cristo, quien satisfizo los requerimientos que estaban infinitamente más allá de nuestras posibilidades.

Me dijeron que un hombre en California se reconoció culpable de una infracción de tráfico. El juez le leyó la sentencia, seguidamente se bajó del estrado y pagó la multa que había impuesto. Eso es lo que Dios hizo. Le debemos lo que jamás podíamos pagar; Cristo, la segunda persona de la Trinidad, pagó nuestra deuda por nosotros. Los requisitos de Dios quedaron legalmente satisfechos. Todos aquellos que creen tienen su deuda cancelada.

Esta es, entonces, *la justificación sólo por gracia, por medio de fe solamente en lo que Cristo solo puedo hacer.* La justificación por la fe cambia la manera en que Dios nos ve, no la manera en que nos vemos a nosotros mismos. Se refiere a la obra de Dios fuera de nosotros, esto es, el don de justicia que recibimos.

Pablo muestra incluso que el patriarca Abraham en el Antiguo Testamento fue justificado por la fe, porque él *creyó* a Dios «y le fue contado por justicia» (Ro. 4:3). Esto quiere decir que la justicia de Dios fue acreditada legalmente en su cuenta. Nadie en el pasado o en el presente puede salvarse sin ella.

Pablo explica en otro pasaje: «Al que no conoció pecado, por nosotros se hizo pecado, para que nosotros fuésemos hechos justicia de Dios en él» (2 Co. 5:21). De manera que se dieron dos transaciones increíbles cuando Cristo murió en la cruz: *Cristo quedó reconocido como un pecador cuando llevó nuestros pecados; nosotros somos tenidos como santos cuando recibimos su justicia.*

Así como Cristo no cometió personalmente ningún pecado, pero con todo leemos: «Por nosotros lo hizo pecado», de la misma manera, aunque nosotros no somos justos, somos reconocidos, no obstante, como tales. Hemos venido a ser «justicia de Dios». Se declara que somos tan perfectos como Dios. Dios no nos ve solos cuando estamos en su presencia. Él ve solamente a su Hijo, y nosotros estamos «en él». Y cuando el pecado se ha cargado sobre el Sustituto nunca más se vuelve a cargar sobre el pecador.

La cruz no fue simplemente una expresión de misericordia; sino también un despliegue de justicia. Para decirlo con claridad: Cristo se hizo legalmente culpable de quebrantar los Diez Mandamientos. Se hizo culpable de genocidios, de perversiones sexuales y de odio. Esos pecados no fueron nunca parte de su naturaleza o parte de su práctica. Era pecados ajenos cargados sobre Él por causa nuestra. Nuestras deudas fueron transferidas a su cuenta.

El resultado es exactamente lo que necesitábamos. Con la justicia de Dios como nuestra, el impedimento legal quedó superado. El dilema de cómo un Dios santo podía tener comunión con una humanidad caída quedó resuelto. Esto explica por qué el Nuevo Testamento puede decir que somos hermanos de Cristo: somos «herederos de Dios y coherederos con Cristo» (Ro. 8:17).

La justificación ha sido definida a veces como «si nunca hubiéramos pecado». Pero eso es sólo la mitad de la verdad. No es solamente que nuestra pizarra está limpia, que es algo maravilloso. Es también que Dios nos mira como si hubiéramos vivido vidas de perfecta obediencia. Nos ve como siendo amorosos, sumisos y puros. *Nos ve como habiendo hecho todo lo que Cristo ha hecho.*

Si usted ha leido este libro hasta aquí, quizá sea este el momento de dejarlo por un rato, ponerse de rodillas y darle gracias a Dios por su increíble generosidad. O, si usted nunca ha recibido este don de justicia, recíbalo ahora mismo por fe. Esto es en verdad la gracia.

Y las buenas noticias son aún mejores cuando empezamos a contemplar las características de este don de perfecta justicia.

LAS CARACTERÍSTICAS DE ESTA JUSTICIA

No nos sorprende que Pablo vuelva una y otra vez al tema de la justicia de Dios. A la iglesia en Filipos les escribió diciendo que su meta era «ser hallado en él, no teniendo mi propia justicia, que es por la ley, sino la que es por la fe en Cristo, la justicia que es de Dios por la fe» (Fil. 3:9). Ninguna doctrina es más esencial a nuestra fe que esta.

Esta justicia es un don

Obviamente la justicia de Dios tenía que ser un don, porque nosotros no lo poseemos ni lo meremos. Para citar a Pablo una vez más, somos «justificamos gratuitamente por su gracia, mediante la redención que es en Cristo Jesús» (Ro. 3:24).

Lutero describe esta justicia como una «justicia pasiva», porque la recibimos sin hacer nada. Cuando vemos la ley, vemos nuestra pecaminosidad. Todo lo que podemos pensar son los pecados que hemos cometido y las cosas que deberíamos haber hecho. Satanás se aprovechará de nuestras debilidades, y nuestras conciencias estarán turbadas, aterradas y confundidas.

Lutero continúa diciendo que así como la tierra no produce la lluvía, sino que simplemente debe recibirla como un don del cielo, tampoco nosotros podemos hacer otra cosa sino recibir este don de justicia. La tierra no puede jactarse, porque ella no merece ni causa la renovación. La tierra seca es pasiva. Simplemente recibe las bendiciones por la gracia de Dios.

Una vez que la tierra ha sido regada, puede llevar fruto, así como nosotros podemos llevar fruto para Dios después de que nos han otorgado la justicia por la fe. Sobre el terror de la ley —el castigo por el pecado que sabemos merecemos— ya no tenemos por qué temer, pues Cristo nos cubre. Es es nuestro refugio y fortaleza.

Mientras ministraba a un hombre que creía haber cometido demasiadas maldades para que Dios le aceptara, le pedí que visualizara su vida como un camino en el que él había abierto algunos surcos profundos, algunos dirigidos directamente a la zanja. Había pecados (o crímenes) cometidos contra otros que nunca podrían ser enmendados. Todos los caminos tienen sus dificultades, pero este era particularmente deplorable.

Después le pedí que visualizara un manto de nieve de medio metro de espesor cubriendo el camino que había dejado atrás. Ya no importaba cuánto fango y grava pudiera haber en el camino, ni cuán profundos fueran los surcos o sucia estuviera la zanja, la nieve lo cubría todo. Su pasado podía ser cubierto de igual manera, tanto como el camino seguido por la persona cercana a él que había estado procurando hacer lo mejor toda su vida. «Venid luego, dice Jehová, y estemos a cuenta: si vuestros pecados fueren como la grana, como la nieve serán emblanquecidos; si fueran rojos como el carmesí, vendrán a ser como blanca lana» (Is. 1:18).

Tengo que enfatizar de nuevo que no estoy diciendo que no importa qué hacemos en la vida porque Dios va a aparecer al final y cubrirlo todo. Evidentemente es mucho mejor tener una vida decente que vivir de manera destructiva. La clase de vida que llevamos tiene repercusiones que continúan después que hemos sido justificados. Pero como subrayé en el último capítulo, mi punto es que en lo que respecta a la justicia de Dios, la «buena» persona y el criminal deben recibirlo como un don, un don que cubre los pecados del pasado, sin importar cuán grandes o pequeños fueran.

Dios no tiene que hacer ninguna cosa «extra» para salvar a pecadores crueles y duros. Ni tampoco le resulta más fácil el salvar a pecadores decentes y respetables. El don de la justicia —la nieve, si lo prefiere— es capaz de cubrir un camino que es extremadamente feo, así como aquel otro por el que han transitado con cuidado. En cualquier caso, Dios tiene que hacer todo lo que es necesario hacerse.

La gracia de la justificación es absolutamente única. Un escritor que describió las diferencias relativas entre personas, lo expresó de la esta manera: «La gracia ... no es menos de lo que es si ellos hubieran pecado menos. Tampoco es más de lo que es si ellos hubieran pecado más. No tiene nada que ver con los méritos humanos.» Así es. La justicia de Dios es un don que se les da a todos aquellos que de verdad creen.

No olvidemos que Dios no nos debe su don de justicia. En realidad, si Él nos lo diera porque estuviera obligado a ello, ya no sería un don. Si nos lo mereciéramos aunque fuera parcialmente, podríamos decir que Dios estaba bajo cierta obligación de hacerlo. La gracia significa que lo que recibimos es completamente inmerecido.

Por esa razón todo el crédito de nuestra salvación le corresponde a Dios. No hay lugar para vanagloriarse, no hay oportunidad para decir que lo merecemos o que le hemos ayudado a Él. Todo lo que hicimos fue recibirlo por fe, lo que en sí misma no es una obra nuestra sino un don de Dios.

Quisiera que la persona más perversa que leyera esto (usted sería el juez) supiera que Cristo vino para justificar a los depravados. No tenemos que merecernos los méritos de Cristo.

Esta justicia es inmutable

Obviamente, todos aquellos que reciben este don reciben la misma clase de justicia. Bien sea el apóstol Pablo, que escribió buena parte del Nuevo Testamento; o Billy Graham, que ha predicado a millones; o Bernardo de Clairvaux, que ha inspirado a varias generaciones, todos recibieron el mismo don de justicia que nosotros. Incluso gente común como nosotros tienen la misma aceptación ante Dios, los mismos privilegios espirituales.

Debido a que soy un ministro, me solicitan que ore en actividades de la iglesias, bien sean bodas, banquetes o días de campo. La gente de alguna manera ha sacado la conclusión que los pastores están más cerca de Dios y tienen más posibilidades de que sus oraciones sean contestadas. Pero todos pueden orar con la misma efectividad; todos tienen la misma amistad con Dios, con tal que la persona haya sido perfeccionada por medio de este don especial.

Esta doctrina de la igualdad es conocida como «el sacerdocio de los creyentes». Cada creyente tiene los privilegios de ser hijo. Cada creyente disfruta de la misma atención, de la misma oportunidad de servir a Dios.

Nada puede ser añadido a la justicia de Dios para hacerla mejor; nada se le puede quitar para disminuir su valor. Aun después de un millón de años, será igual de prístina como el día que Jesús dio su vida para que nosotros pudiéramos tenerla. Es tan inmutable como Dios.

Usted no necesita saber cómo pronunciar el nombre Nicolaus Zinzendorf para sentirse bendecido por estas líneas que él escribió:

Jesús, tu sangre y justicia
son mi belleza y vestido glorioso;
con esta gala, en medio de mundos flamantes,
con gozo levantaré mi cabeza.

Esta justicia es permanente

Sabemos que cuando Martín Lutero confesaba sus pecados en el monasterio, siempre estaba con el temor de haberse olvidado de alguno o simplemente no haber reconocido a otros. Lo que más le frustraba era darse cuenta de que incluso si él podía saldar sus cuentas con Dios hoy, el proceso tenía que volver a empezar otra vez mañana. Siempre se sintió descompensado en su relación con Dios. El confesar sus pecados era como tratar de secar el suelo cuando hay un grifo abierto.

Lo que Lutero necesitaba era un acto divino que arreglara su relación con Dios de una vez y para siempre. Necesitaba la seguridad de que no obstante los pecados que pudiera cometer mañana, su futuro con Dios estaba ya arreglado.

De igual manera, hay personas hoy que confiesan sus pecados, pero todavía no tienen la seguridad de haber satisfecho las demandas de Dios. Hay razones para esa inseguridad. Ellos, a semejanza de Lutero, deben descubrir que la confesión no es lo mismo que la aceptación de la justicia de Dios por todos nuestros pecados. No somos salvos por confesar, lo somos por creer.

La confesión la tienen que practicar aquellos que *ya* son hijos de Dios por medio de la justificación por la fe. La confesión nos mantiene en comunión con Dios. Pero antes de que podamos hacer eso, necesitamos tenor una correcta relación legal con Dios. Él tiene que hacer un acto permanente que nos hará hijos suyos para siempre.

La confesión no es el punto de comienzo para los pecadores, pero sigue una vez que la salvación ha sido recibida. La confesión me mantiene en conformidad con Dios, pero tengo que pertenerle antes de que tenga significado. Las buenas noticias de la justificación es que la justicia de Dios nos cubre por toda la eternidad. Los pecados que nosotros pudiéramos cometer fueron cargados por Cristo en la cruz hacer dos mil años. Confiar en Él es recibir el don completo de la justicia que va a cancelar nuestras obligaciones legales con Dios para siempre.

La justificación no es un proceso largo y tortuoso con un final incierto. La justificación es confiar en Cristo para satisfacer a nuestro favor las demandas incesantes de Dios. Él demanda perfección veinticuatro horas al día, y veinticuatro horas al día Cristo es mi justicia delante de Dios. Cristo va a estar allí por mí mañana y pasado mañana. Como veremos en un futuro capítulo, Él está comprometido a ir con nosotros todo el camino hacia el hogar celestial.

Note cuán claramente el autor de Hebreos enseña la perfección del sacrificio de Cristo y la consumación de nuestra justificación delante de Dios: «En esta voluntad somos santificados mediante la ofrenda del cuerpo de Jesucristo hecha una vez para siempre ... porque una sola ofrenda hizo perfectos para siempre a los santificados» (He. 10:10, 14). Hubo *una sola* ofrenda de Cristo, y aquellos que confían en Él son hechos «perfectos para siempre». No somos justificados poco a poco a medida que vamos cumpliendo deberes religiosos. Somos justificados en *un* acto completo.

Evidentemente, si la justificación cubriera sólo nuestros pecados pasados, nuestra relación con Dios estaría en constante riesgo. Mañana sería otro día, con sus tentaciones y pecados, y podría cometer un gran pecado y morir. Si todas mis confesiones y buenas obras no estuvieran actualizadas, perdería lo que tuviera de ayer. Me alegra saber que eso no es lo que la Biblia enseña.

He conocido a algunos cristianos que se han suicidado. Una mujer me mostró la nota que dejó su esposo cuando se suicidó, en la que decía que «no podía soportar el pensamiento de más sufrimiento». Aunque era un cristiano dedicado, que había dirigido estudios bíblicos y llevado a otros a Cristo, él decidió terminar con su dolor.

Una señorita no se sentía amada al punto que razonó que hacía un favor a su familia quitándose la vida. Algunos creen que aquellos que cometen suicidio van al infierno, porque han cometido un pecado por el que no pueden pedir perdón. Pero las buenas nuevas son que aquellos que tienen la justicia de Dios acreditada a su favor serán salvos, incluso si llegan al final de una manera tan lamentable. El suicidio es un gran pecado (asesinato), pero gracias a Dios, Cristo murió también por tales pecadores.

Una vez que Lutero entendió el hecho de que la muerte de Cristo pagó por cada pizca de la justicia que le debía a Dios, abandonó la enseñanza del purgatorio, que, por otra parte, no aparece en la Biblia. La idea de que nosotros tenemos que añadir nuestra agonía a la obra de Cristo, o que nosotros tenemos que ser todavía más purificados, empequeñece la obra de Cristo por nosotros. Cristo pagó nuestra deuda *por completo*. Cuando morimos, no hay parada intermedia.

Agustín de Hipona, bien consciente de su propio pecado, clamó: «¡Oh Dios, demanda conforme a tu voluntad, pero provee para tu demanda!» Y cuando Dios provee lo que demanda, podemos estar seguros de que esas demandas han sido completamente satisfechas. La escritora de himnos Elvina Hall lo sabía bien:

Jesús todo lo pagó,
Todo se lo debo a él;
Él pecado dejó una mancha roja,
Él la cambió en blanca como nieve.

Piense en ello. Las obras de Cristo nos pertenecen tanto como si nosotros las hubiéramos hecho personalmente. No le debemos nada a Dios, porque somos aceptados por los méritos de Cristo.

La justicia garantiza el amor incondicional de Dios

En muchos hogares los hijos sacan la impresión de que el amor de sus padres es condicional, esto es, depende de cómo se comportan los hijos. No sé cuántas veces he oído a alguien decir: «Si saco un ocho en la escuela mi padre me va a reprender por no sacar un diez. Y si saco un diez, se preguntará por qué no estoy en la lista de honor.» El hijo inevitablemente creció creyendo que era amado según funcionaba.

Piense en esto. Debido a que somos aceptados en Cristo, sería una herejía decir que Dios nos amaría más si fuéramos mejores. Dios nos ama por medio de Cristo y, por tanto, Él nos ama tanto como ama a Cristo.

Si usted cree que he exagerado el caso, considere estas palabras de Cristo Jesús en su oración al Padre: «La gloria que me diste, yo les he dado, para que sean uno, así como nosotros somos uno. Yo en ellos, y tú en mí, para que sean perfectos en unidad, para que el mundo conozca que tú me enviaste, y que los has amado a ellos como también a mí me has amado» (Jn. 17:22, 23).

Dios ama a Cristo. En consecuencia, Él también nos ama a nosotros, porque nos ve como estando «en Cristo», vestidos con su perfección. Cristo no tiene alguna clase de justicia de la que nosotros carecemos, porque Él comparte la suya con nosotros.

William Cowper, cuya historia compartiremos después, escribió:

Cómo puedes pensar tan bien de mí
y ser el Dios que eres.
Es oscuro para mi intelecto,
pero luminoso para mi corazón.

Por supuesto, una vez que somos hijos de Dios podemos agradar o disgustar a Dios con nuestra manera de vivir. Debemos distinguir entre nuestra aceptación legal en Cristo (nuestra *posición*) y nuestra *práctica* en la vida diaria. Ahora que sabemos que somos amados, buscaremos amar a Dios. «Nosotros le amamos a él, porque él nos amó primero» (1 Jn. 4:19).

Esta justicia nos une con Cristo

Muchos pudimos ver el vídeo que recogía la paliza que recibió Rodney King y que la televisión usó para mostrar la brutalidad de la policía. Cada vez que King intentó levantarse lo volvían a tumbar a golpes. Todo lo que pudo hacer fue gatear y aun eso no se lo permitieron.

Este es un cuadro del conflicto que vivimos dentro de nuestras almas. Ser «salvos» (esa es la palabra usada a menudo en la Biblia para describir a los que son justificados) no quiere decir que quedamos exentos de pruebas, tentaciones y pecados. Frecuentemente cuando queremos permanecer parados, vemos que somos zarandeados o tumbados.

Pero podemos *permanecer*. Estamos unidos con Cristo por la fe, de manera que podemos permanecer gracias a su fortaleza. No somos vencidos por las presiones o por nuestros propios fracasos. Nos gozamos en que Cristo es hoy todo lo que necesitamos: «Mas por él estáis vosotros en Cristo Jesús, el cual nos ha sido hecho por Dios sabiduría, justificación, santificación y redención» (1 Co. 1:30).

La expresión «en Cristo» aparece más de cien veces en los escritos de Pablo. A veces los maestros de la Biblia han llamado a nuestra unión con Cristo la verdad posicional; esto es, se refiere sólo a nuestra posición legal con Dios. Aunque esto es correcto, estar «en Cristo» es *realidad*; no puede ser más real que eso. Esta nueva relación no sólo afecta la manera en que nos vemos a nosotros mismos, sino que se convierte en la base de nuestro estímulo y fortaleza.

Una mujer, derrotada espiritualmente por el fracaso de su matrimonio y con poca esperanza de un futuro feliz, me escribió diciendo que «había abandonado por completo el tratar de agradar a Dios». Le contesté que no tenía que sentirse imposibilitada a pesar de sus contratiempos, porque, si ella confiaba en Cristo, Él ya había agradado a Dios por ella. Ella debería procurar, por supuesto agradar a Dios en su vida diaria, pero sus esfuerzos no podían ser nunca la base para su aceptación con Dios. La única base segura para su relación con Dios sería siempre Cristo, no ella misma.

Cuando la voz de la conciencia nos dice que somos indignos, cuando nos sentimos vencidos por las consecuencias de nuestras acciones, creyendo que nunca podremos perdonarnos a nosotros mismos, podemos afirmar con confianza: «Dios me acepta hoy como Él acepta a Cristo. Cristo es hoy mi representante, y Él está en la presencia de Dios a mi favor.»

Estar «en Cristo» nos da la seguridad de que somos escuchados en nuestra oración. Calvino escribió: «Está absolutamente claro que no podemos comparecer con atrevimiento ante el tribunal de Dios, a menos que estemos bien persuadidos de que Él es nuestro Padre; y esto no puede suceder sin que seamos reconocidos como justo ante sus ojos.»

LA HISTORIA DE LOS DOS LIBROS

Un amigo me dijo durante una conversación: «Hay muchas religiones diferentes en el mundo, ¿cómo puedo saber cuál es la verdadera?» Le respondí diciéndole que le simplificaría el asunto. Le mostraré que en realidad sólo hay dos religiones en el mundo.

Tomé una hoja de papel, tracé una línea en el centro, y arriba de una columna escribí: «Todas las religiones que enseñan que podemos ayudar a salvarnos.» Sobre la otra columna escribí: «Todas las religiones que enseñan que Dios ha hecho todo lo que se necesita para salvarnos.»

Se hizo evidente rápidamente que todas las religiones del mundo caen en la parte izquierda de la hoja. Sólo al cristianismo le corresponde estar en la parte derecha.

El abismo que separa a estas dos perspectivas es infinito e insalvable. La distancia es tan grande como la que separa al cielo del infierno, a Dios de Satanás, la esperanza de la desesperación.

Presidí recientemente un servicio memorial por un hombre joven llamado Roger que había fallecido a consecuencias del SIDA. Aunque había aceptado a Cristo como aquel que murió por sus pecados, y tenía la justicia de Dios acreditada a su favor, él todavía luchaba con la homosexualidad hasta que quedó contagiado. A partir de entonces rompió con su anterior comportamiento y vivió una vida de devoción a Cristo. Daba testimonio en el hospital de la gracia de Cristo, especialmente a aquellos que luchaban con el mismo estilo de vida y con la misma enfermedad.

En sus últimos días, hubiera sido fácil para Roger enfocarse en su anterior comportamiento, en los surcos desordenados que él había hecho a lo largo del camino de la vida. Pero no lo hizo. Se enfocó en su aceptación de Cristo, en aquel don de perfecta justicia que le daba la seguridad de que sería bien recibido en el cielo. Estoy convencido de que a su muerte él entró en el cielo tan perfecto como Dios.

Imagine un libro intitulado *La vida y los tiempos de Jesús.* Contiene todas las perfecciones de Cristo: las obras que Él hizo, su obediencia santa, su pureza, sus motivos rectos. Un libro bellísimo de verdad.

Imagínese después otro libro titulado *La vida y los tiempos de Roger.* Contiene todos sus pecados, inmoralidades, promesas rotas y traición de amigos. Contendría pensamientos pecaminosos, motivos impuros y actos de desobediencia.

Por último, imagínese a Cristo tomando en sus manos ambos libros y quitándoles sus cubiertas. Después toma el contenido de su propio libro y lo mete entre las tapas del libro de Roger. Agarramos el libro para examinarlo. El título es: *La vida y los tiempos de Roger.* Lo abrimos y pasamos las hojas, pero no encontramos mencionados los pecados de Roger. Todo lo que vemos es una larga lista de perfecciones, obediencia, pureza moral y amor perfecto. El libro es tan bello que incluso Dios lo honra.

Este intercambio es conocido como justificación. Es acreditar la belleza de Cristo a aquellos que son deplorablemente imperfectos. *Por supuesto, tenemos que ser pefectos para entrar en el cielo, y gracias a Cristo, lo somos.*

El pavor de la ley y de Dios
no tiene nada que ver conmigo.
la obediencia y la sangre de mi Salvador
limpian todos mis pecados.
Mi nombre de las palmas de sus manos
la eternidad no puede borrar.
Por siempre allí permanece
con marcas indelebles de gracia.

Y la historia todavía no ha terminado.

CAPÍTULO CUATRO

EL MILAGRO QUE NECESITAMOS

La religión puede ser aburrida.

No hay necesidad de investigar mucho para comprobar que es cierto. Compare la cantidad de gente que va a los templos con la que va a los partidos de fútbol o baloncesto. Aparentemente no hay emoción en la iglesia que se compare con los partidos de la liga nacional de fútbol, especialmente cuando juegan los grandes equipos.

¿Por qué esta monotonía, esta falta de entusiasmo?

No es fácil ser fiel a los rituales, incluso si entendemos su significado. Tampoco entusiasma demasiado el tratar de vivir a la altura de normas morales que sabemos no podemos cumplir. Una persona me dijo: «Estoy dedicando mis energías a la iglesia, pero no recibo nada en compensación.»

Este no es un problema nuevo. Por naturaleza, los humanos definimos la religión por lo que esperamos de nosotros mismos y de otros que se haga. Y el «hacer» llega a ser fatigoso. Aburrido, a veces bien pesado.

En los tiempos de Nuevo Testamento había un grupo de dirigentes religiosos que pesaban su dedicación religiosa hasta el último gramo. Tenían más trámites que los que usted podía aguantar; algunas regulaciones definían otras regulaciones. Su sistema religioso parecía designado para el fracaso. No importaba cuánto hiciera usted, siempre había algo que había olvidado hacer o que podía haber hecho un poco más. No sólo se había perdido la emoción, sino la esperanza para el hombre común, que no podía ni siquiera recordar tantas regulaciones, mucho menos guardarlas.

Estos dirigentes religiosos eran los fariseos, buena gente en muchos sentidos, pero especialistas en abusar del Antiguo Testamento, interpretándolo como un juego de reglas complicadas más que como un medio de experimentar la gracia de Dios. No nos sorprende que Jesús dijera de ellos: «Porque atan cargas pesadas y difíciles de llevar, y las ponen sobre los hombros de los hombres; pero ellos ni con un dedo quieren moverlas» (Mt. 23:4). Aman echar cargas pesadas sobre las espaldas de los demás y verlos cómo se retuercen.

Pero uno de estos hombres estaba tan desesperado por encontrar realidad en su religión que acudió a Cristo para hacerle algunas preguntas importantes que pudieran ayudarle a quitarse de encima la carga de la religión. Tenemos que elogiarle, porque él sabía cuán crítico era Jesús de aquellos que hacían ostentación de su propia justicia. Pero encontrar el camino angosto que lleva a la vida no siempre es fácil.

Este hombre era Nicodemo, un fariseo miembro del sanedrín judío, el más alto tribunal y cuerpo legislativo judío. Era parte de aquel grupo selecto que se consideraba superior a todos los demás. Era un hombre religioso destacado entre gente religiosa.

Es interesante que aunque él tenía *reglas*, no tenía *realidad*; aunque admirado como *bueno* no tenía a *Dios*. No importaba cuán piadoso parecía en el exterior, por dentro estaba podrido. En realidad, aunque él no lo sabía todavía, su religión era más un estorbo que una ayuda.

Fue a Jesús de noche, posiblemente porque no quería que le vieran conversando con el hombre que supuestamente debía aborrecer. Como recordará, Cristo avergonzó a aquellos piadosos fariseos evitando sus trampas y yendo directo a los asuntos del corazón.

Hablando espiritualmente, la noche en Judea no era más oscura que el alma de Nicodemo. Más tarde, salió de la oscuridad y entró en la clara luz del día, pero eso es anticiparnos en la historia.

Resumamos la conversación que encontramos en Juan 3:1-7, empezando con una pregunta de Nicodemo.

«—Rabí, sabemos que has venido de Dios como Maestro; porque nadie puede hacer estas señales que tú haces, si no está Dios con él.

Respondió Jesús y le dijo:
—De cierto, de cierto te digo, que el que no naciera de nuevo, no puede ver el reino de Dios.
Nicodemo le dijo:
—¿Cómo puede un hombre nacer siendo viejo? ¿Puede acaso entrar por segunda vez en el vientre de su madre y nacer?
Respondió Jesús:
—De cierto, de cierto te digo, que el que no naciere de agua y del Espíritu, no puede entrar en el reino de Dios. Lo que es nacido de la carne, carne es; y lo que es nacido del Espíritu, espíritu es.»

¿DEBEMOS NACER DE NUEVO?

¿Qué quiso decir Cristo con la expresión *nacer de nuevo*? La usamos hoy para referirnos a algo que es «rehecho». Salió en un periódico un artículo acerca de un monumento funerario desmoronado que había sido restaurado, y en el encabezamiento del artículo se leía: «Nacido de nuevo.» A un político que se cambia de un partido político a otro se dice de él que «ha nacido de nuevo». O quizá un actor se renueva a sí mismo y la prensa habla de él como «nacido de nuevo».

Creo que nos conviene conocer bien lo que Cristo quiso decir con esta expresión porque Él dijo quc nadie puede entrar en el cielo sin ello. En realidad significa «nacer de arriba». Cristo estaba hablando de la obra del Espíritu Santo dentro de nosotros; estaba ayudándonos a comprender un milagro que sólo Dios puede hacer.

Otra palabra que se usa para hablar del nuevo nacimiento es el término *regeneración*; e incluso la palabra no es tan díficil como suena. Significa sencillamente «el acto de renovar, mejorar o reestablecer algo que había degenerado». La Biblia usa ambas palabras para referirse a la misma obra de Dios mediante la que implanta vida espiritual dentro de nuestras almas. Es la creación dentro de nosotros de una naturaleza semejante a la de Dios. Este acto nos cambia fundamentalmente. Somos «nuevas criaturas» en Cristo.

¿Por qué tenemos que nacer de nuevo? Dios había advertido a Adán y Eva: «Porque el día que de él comieres [el árbol de la ciencia del bien y del mal], ciertamente morirás» (Gn. 2:17). Y murieron. Llenos de vergüenza y de pesar, trataron de esconderse de Dios. Fueron echados del jardín de Edén, sus intelectos se oscurecieron, y las líneas de comunicación entre ellos y Dios quedaron dañadas. Nosotros heredamos su pecado, y aunque no perdimos la capacidad de razonar, sí perdimos la habilidad de encontrar el camino hacia Dios. Peor aún, nos quedamos sin la posibilidad de reparar el daño.

Adán y Eva empezaron a morir físicamente el mismo día que pecaron, y habrían muerto eternamente —separados para siempre de Dios— si Dios no hubiera intervenido. De igual manera que un cortocircuito hace que una bombilla se apague, así el pecado nos desconecta de Dios. La raza humana (nosotros) quedó, espiritual y moralmente, hundida en las tinieblas.

«Nacer de nuevo» o ser «regenerado» significa que los cortacircuitos son reparados, y que quedamos de nuevo conectados con Dios. Él renueva nuestros espíritus y nos da una nueva naturaleza; al final, en la resurrección, recibiremos un nuevo cuerpo. Estamos hablando acerca de una seria transformación.

Para decirlo de manera diferente, así como nuestro nacimiento físico nos hace miembros de nuestra familia terrenal, de igual manera nuestro nacimiento espiritual nos hace miembros de nuestra familia celestial. Y así como un recién nacido tiene sólo futuro y no pasado, así también Dios viene a perdonarnos nuestro pasado y darnos un nuevo futuro. No extraña que Cristo diga: «El que no naciere de nuevo, no puede ver el reino de Dios» (Jn. 3:3, 5).

Nicodemo no llegó a comprenderlo. Él escuchó las palabras *nacer de nuevo*, y su mente se fue hacia la obstetricia. Por eso preguntó: «¿Cómo puede un hombre nacer siendo viejo? ¿Puede acaso entrar por segunda vez en el vientre de su madre, y nacer?»

Cristo le contestó: «De cierto, de cierto te digo, que el que no naciere de agua y del Epíritu, no puede entrar en el reino de Dios.» Este nacimiento no tiene nada que ver con tu madre, pero tiene mucho que ver con tu Padre celestial.

Debemos nacer de «agua y del Espíritu». Usted probablemente sepa que mucha gente oye la palabra *agua* y piensa que Cristo se está refiriendo al bautismo. Pero la palabra *bautismo* no aparece para nada en este pasaje. Me gustaría sugerir respetuosamente que el bautismo no habría pasado por la mente de Nicodemo, y recordemos que Cristo esperaba que Nicodemo conociera ya las cosas sobre las que estaban hablando aquella noche (véase el versículo 10).

Si el bautismo fuera realmente necesario para entrar en el reino de los cielos, entonces virtualmente nadie de los tiempos del Antiguo Testamento habría calificado. El bautismo empezó con Juan el Bautista durante el ministerio de Cristo, pero no era practicado por los judíos. Sí, los sacerdotes tenían que lavarse con agua, pero eso no era para su entrada en el reino de los cielos. Dios nunca hace que su salvación dependa de un ritual.

Nicodemo supuestamente conocería bien que en el Antiguo Testamento *agua* y *Espíritu* aparecen a menudo unidos para referirse a la renovación espiritual que viene de Dios. Un pasaje de Ezequiel habría probablemente acudido a su mente: «Esparciré sobre vosotros agua limpia, y seréis limpiados de todas vuestras inmundicias; y de todos vuestros ídolos os limpiaré. Os daré corazón nuevo, y pondré espíritu nuevo dentro de vosotros; y quitaré de vuestra carne el corazón de piedra, y os daré un corazón de carne» (Ez. 36:25, 26).

Siempre que en el Antiguo Testamento se usa *agua* simbólicamente, se refiere siempre a renovación y purificación, especialmente cuando aparece junto con la palabra *Espíritu*. Hay un «derramamiento» del Espíritu que se menciona en muchos pasajes (véanse, por ejemplo, Is. 32:15; 44:3-5). Cuando el Espíritu Santo hace su obra, hay un milagro de transformación y también un milagro de purificación. La purificación del Santo Espíritu hace lo que el agua jamás puede hacer.

Hay una segunda razón para pensar que Cristo estaba usando el agua como un símbolo de la obra del Espíritu Santo. El no dijo que debemos «nacer de agua y nacer del Espíritu», como si hubiera dos nacimientos separados. Antes bien, él dijo que debemos «nacer de agua y del Espíritu». Agua y Espíritu aparecen juntos, pero hay un *solo* nacimiento, el que es «de arriba». Por esa razón la frase es a veces traducida «nacido de agua..... Espíritu». Este nuevo nacimiento es de Dios sin intervención humana.

Tenga esto en mente: La justificación y el nuevo nacimiento tienen lugar al mismo tiempo. Son dos bendiciones diferentes que nos vienen cuando experimentamos la fe salvadora. Aunque no pueden ser separados, deben distinguirse. La justificación sucede *fuera* de nosotros; es la declaración de Dios en el cielo de que somos tan justos como Cristo. El nuevo nacimiento ocurre *dentro* de nosotros. Recibimos vida espiritual y quedamos conectados con Dios.

LAS CARACTERÍSTICAS DEL NUEVO NACIMIENTO

Cristo comparó nuestro nacimiento físico con nuestro nacimiento espiritual, como se lo explicó a Nicodemo: «Lo que es nacido de la carne, carne es; y lo que es nacido del Espíritu,

espíritu es» (Jn. 3:6). La carne engendra carne, y el Espíritu engendra espíritu.

Pienso que se sorprenderá del gran milagro que es verdaderamente el nuevo nacimiento. Es obvio que esto es algo que nosotros no podemos hacer, pero Dios sí puede.

La obra de nuestro Padre celestial

Nacimos la primera vez como resultado del esperma de nuestro padre que se unió con el óvulo de nuestra madre para producir una nueva vida. Heredé las características de mis padres y también su naturaleza (podría añadir, una naturaleza pecaminosa).

De igual manera, dos elementos se unen para hacer que nazcamos en la familia de Dios. La Palabra de Dios (el evangelio) se une con el Espíritu de Dios para producir el milagro divino que conocemos como nuevo nacimiento. Escuchemos las palabras de Pedro: «Siendo renacidos, no de simiente corruptible, sino de incorruptible, por la palabra de Dios que vive y permanece para siempre» (1 P. 1:23).

Nuestro nacimiento físico fue de una simiente corruptible; nuestro nacimiento espiritual es de una simiente incorruptible. Nuestros padres fueron incapaces de purificar la línea de corrupción que heredamos; pero el segundo nacimiento, en razón de que es de una simiente *incorruptible*, hizo lo que el primer nacimiento no pudo hacer.

El 3 de octubre de 1941 nací en el seno de mi familia gracias a mi padre y a mi madre. Catorce años más tarde, después de hacerme tan consciente de mi pecaminosidad que apenas podía dormir, Dios amorosamente me dio el don de la fe, y renací en mi familia espiritual. La Palabra de Dios combinada con el Espíritu de Dios engendró nueva vida en mí.

Dos seres humanos pueden engendrar un niño en su propia semejanza moral y física (todos nos hemos maravillado de cuán parecido puede ser un hijo a su padre o a su madre). De igual manera Dios nos engendra en su propia semejanza. No me mal entiendan. Dios siempre permanece Dios y nosotros permanecemos humanos; pero cuando nacemos de nuevo, recibimos su naturaleza. *No llegamos a ser perfectos en nuestra vida diaria, pero somos realmente diferentes.*

Ni usted ni yo podemos darle el nuevo nacimiento a nadie. Somos engendrados exclusivamente por Dios, sin asistencia humana. Hay muchas cosas que nosotros podemos hacer, pero no podemos producir el nuevo nacimiento. Cuando Dios regenera, Él actúa por medio de la Palabra y del Espíritu. El nuevo nacimiento es un acto directo de la omnipotencia divina.

Eso debería dejarlo resuelto para nosotros. Pablo escribió: «De modo que si alguno está en Cristo, nueva criatura es; las cosas viejas pasaron; he aquí todas son hechas nuevas» (2 Co. 5:17). Los científicos ha hecho muchas cosas maravillosas, pero lo que nunca han podido hacer es crear ni una simple molécula. La creación es la obra de Dios, y nosotros sólo podemos llenarnos de asombro ante su poder. Él creó el universo *ex nihilo*, es decir, de la nada. Incluso si nosotros hubiéramos vivido en aquellos días de la creación de los cielos y la tierra, Él no nos hubiera necesitado para hacer su tarea un poco más fácil. No había necesidad de nuestra ayuda porque la tarea fuera «demasiado» para el Omnipotente. No, Él actuó solo, y fue mejor así.

Cuando «nacemos de nuevo», Dios crea dentro de nosotros una nueva naturaleza que no estaba allí antes de su intervención. La luz fue también creada por mandato divino. De igual forma, la luz espiritual que produce el nuevo nacimiento es la obra soberana de Dios. «Porque Dios, que mandó que de las tinieblas resplandeciera la luz, es el que resplandeció en nuestros corazones, para iluminación del conocimiento de la gloria de Dios en la faz de Jesucristo» (2 Co. 4:6, 7). El rayo de luz que nos llevó a nacer de nuevo sólo podía venir de Dios. Él actuó solo, creándolo ex nihilo.

En el segundo capítulo usé la analogía del apóstol Pablo acerca de la resurrección para ilustrar la salvación. Cuando Cristo fue a la tumba de Lázaro, Él no espera recibir la ayuda de los discípulos, ni tampoco de Lázaro. Cristo no dijo: «Lazaro, tienes que hacer tu parte, al menos mover el codo, para que yo te levante de entre los muertos.»

Una vez que el milagro tuvo lugar y Lázaro salió tambaleándose de la tumba en la que le habían puesto, los discípulos pudieron quitarle la mortaja y dejarle marchar. Pudieron preparar algo para que Lázaro comiera. Pudieron ayudarle a orientarse de nuevo en la vida terrenal. Pero cuando Lázaro yacía en la tumba todo lo que pudieron hacer fue observar cómo Cristo hacía lo que sólo Dios podía hacer.

Cuando Dios nos salva hay, por supuesto, una diferencia. Nosotros consentimos en dejarle hacer su obra en nosotros; confiamos en lo que Cristo ha hecho. Mientras que la naturaleza inanimada no tiene mente, ni emoción, ni voluntad; nosotros tenemos las tres. Y con todo, nuestras respuesta es el resultado de la actividad de Dios en nuestros corazones. Dios nos hace conscientes de nuestra necesidad de Cristo; Dios nos da la habilidad de creer. La salvación es su obra de principio a fin.

La creación del mundo y la creación de la luz son, desde luego, grandes milagros. El nuevo nacimiento es diferente en que no afecta a todo el universo; la nueva naturaleza dentro de nosotros no es tan grande como el cielo estrellado; la luz de la mente no es tan cegadora como la luz del sol. Y nuestra resurrección a nueva vida no es tan espectacular como Lázaro saliendo vacilante de la tumba.

A pesar de todo, el nuevo nacimiento puede ser un milagro aun mayor. En la creación del universo vemos sólo el *poder* pasmoso de Dios; en el milagro de la regeneración vemos la *misericordia* y la *gracia* de Dios. Las estrellas son la obra de sus manos, hablando simbólicamente, pero la salvación es la obra de su brazo. Dios creó la materia y después la puso en su lugar; pero cuando Él nos salvó, tuvo que vencer nuestra ceguera y la obstinación de nuestras voluntades. Nos llevó a ponernos de acuerdo con lo que Él estaba haciendo.

Allá por el año 1954, el solista George Beverly Shea del equipo de Billy Graham cantó este himno a la multitud que llenaba el estadio Harringay de Londres.

Un milagro puso las estrellas en su sitio,
Un milagro colgó el mundo en el espacio;
Pero cuando él salvó mi alma,
Me lavó y me hizo renacer,
Fue todo un milagro de amor y gracia.[1]

Una dama inglesa, que obviamente había malentendido las palabras, fue a Shea más tarde indignada para decirle: «¿Qué quiso usted decir cuando canta: "*América* puso las estrellas en su sitio"?»*

Los Estados Unidos han llevado a cabo muchas cosas estupendas, ha entrenado incluso a astrónomos que han estudiado diligentemente las estrellas, pero hasta ahora ninguno de ellos ha sido capaz de crear siquiera una nueva estrella. Hemos ido a la luna, pero sólo Dios podía crear la luna. Debemos distinguir claramente entre los que nosotros podemos hacer y lo que Dios puede hacer. Solamente Dios puede hacernos nacer de nuevo.

---

*El autor se refiere a la confusión que tuvo la señora al entender «América» cuando decía «miracle» (milagro).

Otras religiones tratan de que los hombres sean mejores, pero sólo el cristianismo transforma a los hombres. El nuevo nacimiento vuelve a conectar el interruptor que se cerró cuando Adán y Eva pecaron en el jardín de Edén. El milagro sólo lo pudo hacer Dios. Carlos Wesley entendió bien la obra soberana de la salvación cuando escribió este himno que tanto les gusta a los creyentes cantar:

Mi alma, atada en prisión,
Anhela redención y paz.
De pronto vierte sobre mí
La luz ardiente de su faz.
¡Mis cadenas cayeron y vi
mi libertad y te seguí!

Somos prisioneros; Dios es el libertador. Él inunda de luz el calabozo, corta las cadenas, y nos dice que somos libres. Si Él no hubiera intervenido, estaríamos perdidos para siempre.

La voluntad de nuestro Padre celestial

Voy a decir ahora algo que puede hacerle sentirse incómodo, pero sígame. ¿Escogió usted nacer físicamente? No, esa decisión la tomaron sus padres. (¡Me he encontrado con personas que se han quejado acerca de que llegaron a la tierra sin que les preguntaran a ellos!)

¿Quién decidió que usted renaciera espiritualmente? Si le digo que fue nuestro Padre celestial quien decidió, usted podría quejarse de que no es justo. A la vez, no hay nada más «obvio» que usted tomó la decisión. Y estoy de acuerdo con usted que fue su decisión, porque nunca nadie nació de nuevo en contra de su voluntad. Todo aquel que desea renacer puede hacerlo.

Con todo, escuche las palabras de Cristo a Nicodemo: «El viento sopla de donde quiere, y oyes su sonido; mas ni sabes de dónde viene, ni a dónde va; así es todo aquel que es nacido del Espíritu» (Jn. 3:8). Cristo hizo la conexión entre la brisa que Él y Nicodemo oían soplar por encima de tejado de la casa y la obra de Espíritu Santo.

Vea esto: La palabra que se usa en griego para *viento* es la misma que se traduce también como *espíritu* en este pasaje (solamente el contexto nos dice cómo debe ser traducida). El viento está fuera del control humano y es a menudo impredecible, sopla en una parte del país, pero no en otras. Es algo misterioso. Los hombres del tiempo (meteorólogos) pueden hacer predicciones ahora con bastante exactitud a corto plazo, pero no pueden predecir la velocidad del viento a un año de plazo, ni tampoco pueden anticipar cuántos tornados se desarrollarán la próxima primavera. De igual manera, la obra del Espíritu está más allá de toda explicación humana, y el Espíritu actúa conforme a su voluntad.

Aunque memoricé Juan 1:12, 13 hace muchos años, no me preocupé hasta hace poco del significado de estos versículos. El texto dice: «Mas a todos los que le recibieron, a los que creen en su nombre, les dio potestad de ser hechos hijos de Dios; los cuales no son engendrados de sangre, ni de voluntad de carme, ni de voluntad de varón, sino de Dios» (Jn. 1:12, 13). ¿Se da cuenta de cómo Juan reconoce que la obra del nuevo nacimiento es completamente de Dios? Dice que «no son engendrados de sangre»; esto es, no somos nacidos de linaje humano. Nadie nace de nuevo porque sus padres sean cristianos. Dios tiene muchos hijos; pero no nietos.

Nuestros padres no pueden tomar por nosotros la decisión de que nazcamos de nuevo, ni tampoco renacemos por ser criados en una iglesia fiel o en el seno de una familia piadosa. No nos «contagiamos» del nuevo nacimiento por estar cerca de alguien «infectado» de la misma manera que lo hacemos con los virus. Dios debe intervenir o estamos perdidos.

Juan continúa diciendo que no nacemos de nuevo por «voluntad de carne», que se refiere a que no fuimos nosotros los que acudimos a Dios. Por último, el nuevo nacimiento no fue por «voluntad de varón, sino de Dios». Juan de esta manera elimina toda posibilidad de conectar el nuevo nacimiento con nosotros mismos, con nuestro trasfondo familiar o incluso con nuestras propias decisiones.

Santiago lo confirma: «El, de su voluntad, nos hizo nacer por la palabra de verdad, para que seamos primicias de sus criaturas» Stg. 1:18). Nacemos de nuevo porque Dios ejerce su voluntad y decide mostrarnos su misericordia. Lo que una vez pensé que era el resultado de mi voluntad termina que es el resultado de la voluntad de Dios.

Puedo escuchar un coro de objeciones: «¿Qué quiere decir con que "Dios tomó la decisión"?» ¡Nací de nuevo porque yo lo escogí! ¡Y qué acerca de aquellos que no fueron escogidos!»

Este no es el lugar para contestar todas esas cuestiones, excepto para explicar lo que sucede: Dios trae muchas circunstancias a nuestras vidas, quizá una familia cristiana o amigos cristianos, y así llegamos a saber de las buenas noticias de la venida de Cristo para morir por los pecadores. A medida que crece nuestra curiosidad, así también el reconocimiento de que somos pecadores que necesitamos salvación. Recibimos la convicción de que si verdad hay esperanza para nosotros debemos encontrarla en Cristo. Por fin vemos que debemos escoger poner nuestra fe en Cristo como aquel que llevó nuestros pecados. En ese momento Dios completa el nuevo nacimiento dentro de nosotros.

Que no le pase desapercibida esta verdad. La razón por la que escogemos a Cristo es porque Dios obra en nuestros corazones para llevarnos al punto de confiar. La decisión de que nacería fisicamente fue tomada sin mi participación; la decisión de que renacería en el reino de Dios fue hecha con mi consentimiento con toda seguridad, aunque la fe que ejercité me fue dada por Dios. La salvación es la obra de Dios de principio a fin.

En los tiempos del Nuevo Testamento, vivió una mujer llamada Lidia. Cuando ella escuchó a Pablo predicar, «el Señor abrió el corazón de ella» (Hch. 16:14). Ella no abrió su propio corazón, ni tampoco Pablo lo hizo. Dios hizo lo que Él sólo podía hacer. El la mostró la verdad y le dio la habilidad de creer en Cristo.

No tenga temor. La invitación de creer en Cristo se extiende a todos. A nadie que desee nacer de nuevo se le negará jamás el privilegio. Algunos responden; otros no. Aquellos que tienen el deseo de recibir el don de la gracia de Dios lo hacen porque ese deseo ha sido implantado en ellos por Dios. Nosotros por naturaleza no buscamos a Dios. Él nos busca a nosotros.

El camino de nuestro Padre celestial

Obviamente, nosotros no podemos hacer que alguien nazca de nuevo. Sin embargo, en la historia de la iglesia, las personas han pensando a menudo que podían hacerlo. Esa es una razón por la que hay muchos que afirman ser cristianos, pero no pueden dar evidencias de que Dios ha hecho un milagro en sus corazones. Asumen que son salvos porque tienen un certificado que lo dice.

Tomemos el bautismo infantil, por ejemplo. Muchos los tienen simplemente como una forma de dedicación, una señal del pacto de Dios dentro de la iglesia y de su propia familia. Pero otros creen que el bautismo limpia de pecado y que hace al infante un «hijo de Dios». En realidad, recuerdo haber leído una liturgia que dice: «Es por medio de las aguas del bautismo que somos renacidos.»

Esta enseñanza asume que el nuevo nacimiento está bajo nuestro control, que la decisión de nacer de nuevo puede ser tomada por nuestros padres e incluso por los ministros de Dios. Que podemos renacer sin conocimiento de nuestros pecados y sin nuestra necesidad de confiar en Cristo como nuestro sustituto.

Otros creen que nacen de nuevo por medio del bautismo de adultos o por pertenecer a la iglesia verdadera. Se les enseña que la fe en Cristo y otros rituales de humana concepción nos producirá el milagro que necesitan. Dios no actúa hasta que, dicen ellos, el hombre actúa.

¿Nos sorprende, entonces, que haya tantos que han sido bautizados pero que no muestran ningún deseo de caminar en obediencia a la Palabra de Dios? Puede que les hayan dicho que son cristianos, pero se preguntan por qué la vida es tan pesada, tan ineficaz. O pueden continuar esforzándose mucho para ser salvos, creyendo que si el bautismo es necesario, otros rituales pueden serlo también. A semejanza de Nicodemo, pueden ser muy religiosos, pero están perdidos.

¿Y qué diremos de la llamada «regeneración decisional» tan ampliamente practicada en las iglesias evangélicas hoy? A un convertido potencial le dicen que debe saber que es un pecador, hacer una oración determinada para «aceptar a Cristo en su corazón», y responder a unas pocas preguntas. Después le dicen que ya es un cristiano. Así no nos extraña de que haya muchos que dicen que están confiando en Cristo como su Salvador, pero en realidad sólo *piensan* que lo están.

Esta clase de enseñanza va a menudo acompañada de una invitación para acudir al estrado en las reuniones de evangelización. Se da la impresión, si es que no se declara también, que ir a Cristo es caminar por el pasillo hacia el estrado o rellenar y firmar una tarjeta. Aunque la mayoría de los que usan este llamamiento saben que ir a Cristo y caminar por el pasillo hacia la plataforma no es la misma cosa, sí que dan la impresión de que el primer paso para los pecadores es caminar hacia el frente, quizá hacia el estrado o el altar.

La invitación es usada correctamente cuando aquellos que acuden lo hacen para que sus preguntas sean respondidas, reciban oración o aconsejamiento. Pero el confundir ir a Cristo con ir al altar lleva a orientar mal a las personas. Algunos piensan que son salvos porque salieron de sus asientos y acudieron al estrado e hicieron todo lo que les pidieron hacer. Otros dicen que no pueden ser salvos porque son demasiados tímidos para salir en frente de todos.

Aunque la necesidad de creer es urgente, no podemos presionar a las personas para que se conviertan hasta que ellas están listas. Debemos presentar el evangelio y dejar que Dios haga lo que nosotros no podemos hacer. Lutero, quizá con un poco de exageración, dijo que debemos descender al infierno antes de poder ascender al cielo. Esa era su manera de decir que no deberíamos intentar llevar a las personas a ser salvas hasta que no son conscientes de que están perdidas.

Nunca olvidemos que los pecadores no pueden regenerarse a sí mismos. Recordemos también que un pecador puede hacer la oración correcta, firmar la tarjeta correcta, contestar las preguntas correctas, e ir al altar correcto sin haber creído. Para ser salvos, una persona debe poner su confianza solamente en Cristo y aceptarle como aquel que cargó con sus pecados. Sólo una fe así evidencia que Dios le ha regenerado.

El gran predicador Charles Haddon Spurgeon no solamente rehusaba hacer llamamientos para que las personas acudieran al altar, sino que también desanimaba a las personas para que fueran aconsejadas en una sala de información. Temía que pudieran ser inducidas a una confianza ficticia de que su conversión había realmente tenido lugar. Les instaba: «Vayan a Dios de una vez, incluso donde están ustedes ahora. Pónganse en las manos de Cristo, antes de moverse una pulgada.»

Es mejor exhortar a las personas a que busquen a Dios por sí mismas, crean en las promesas, y pidan a Dios que les confirme que han transferido su confianza a Cristo. Es mejor dejar que las dudas (que es el tema de un futuro capítulo) hagan su obra.

Puede que a estas alturas esté preguntándose qué valor tiene el dar testimonio del evangelio de Cristo si la salvación está en las manos de Dios y no en las nuestras. ¿Qué parte, si alguna, tenemos nosotros en ayudar a las personas a creer?

El profeta Ezequiel se hallaba parado en un valle de huesos secos, que simbolizaba la falta de vida espiritual de la nación de Israel. Los médicos de Israel habrían sido capaces de clasificar los huesos, pero no hubieran podido darles vida. Los hombres fuertes de Israel habrían sido capaces de mover los huesos, pero al hacerlo lo único que hubieran logrado sería haber transferido la falta de vida de una parte del valle a otra.

Había, no obstante, algo que el profeta podía hacer. Podía predicarle a los huesos y confiar de que Dios hiciera lo que sólo Él podía hacer, esto es, darles el milagro de la vida. Así que Ezequiel predicó: «Huesos secos, oíd palabra de Jehová» (Ez. 37:4). Al poco tiempo, escuchó un ruido y los huesos empezaron a moverse, hueso con hueso se fueron uniendo. La carne creció alrededor de los huesos. Cuando los cuerpos quedaron completamente formados, él oró, y aliento de vida vino sobre los cadáveres y permanecieron parados como un gran ejército.

Así que tenemos la responsabilidad de compartir las buenas noticias del evangelio. Tenemos que orar, discutir y comunicar. Pero bien sabemos que nosotros no podemos dar vida. Confiamos que Dios haga lo que sólo Él puede hacer. Y también sabemos que si Él no lo hace, no se hará.

El nuevo nacimiento es instantáneo. Sucede en un momento específico de tiempo. Aunque hay muchos eventos que llevan a esa experiencia, una vez que ocurre es repentino y completo. Hemos «pasado de muerte a vida» (Jn. 5:24). Es sobrenatural, instantáneo, invisible y eterno. Somos librados «de la potestad de las tinieblas, y trasladado al reino de su amado hijo» (Col. 1:13).

El nuevo nacimiento nunca se repite. La teología medieval enseñaba que la conversión era un proceso, una experiencia sin fin, a veces tortuosa. La ruta a la perfección era larga y llena de posibilidades de fracaso.

No es así. Un niño sano nace completo, todo está en su lugar. El bebé tendrá cinco dedos en cada mano y en cada pie, e incluso uñas pequeñitas. Sus oídos serán perfectos, lo que es un tributo a la capacidad creativa de Dios. De la misma manera, cuando nacemos espiritualmente, todo está en su sitio: somos hijos de Dios, participantes de la naturaleza divina. «Estáis completos en él», dice Pablo (Col. 2:10). Nuestra responsabilidad es crecer. Eso es lo que hacen los recién nacidos.

Los huesos secos son resucitados en un momento en el tiempo, pero su servicio a Dios continúa despues de eso. Un antiguo y verdadero dicho dice algo así: «He sido salvo, estoy siendo salvado y un día seré completamente salvo.» Aunque somos levantados de la muerte para vivir en un momento de tiempo y somos, por tanto, «salvos» cuando creemos en Cristo, estamos «siendo salvados» en el sentido de que Dios continúa la obra que ha empezado en nuestros corazones. Y, por supuesto, en el futuro, cuando lleguemos al cielo, «seremos salvos» por completo incluso de la presencia del pecado.

Solamente Cristo pudo resucitar a Lázaro, pero una vez que salió de la tumba, estaba en condiciones de servir a Dios. Así que, una vez que hemos nacido de nuevo debemos crecer en nuestra fe, no para estar en condiciones de entrar en el cielo sino porque queremos servir a Cristo aceptablemente en la tierra.

Nosotros no podemos hacer que nuestros ojos ciegos vean;

tampoco podemos dar vida a nuestra naturaleza espiritualmente muerta; y no podemos lograr que nuestros oídos sordos puedan oír. Incluso así, se nos manda que creamos, que nos arrepintamos para que podamos er salvos. Cuando lo hacemos, sabemos que es un milagro de Dios. Y como Ezequiel aprendió, si compartimos el mensaje de vida con otros, el resto está en las manos de Dios.

LA MIRADA QUE SALVA

Si usted se halla un poco desconcertado ante la soberanía de Dios en el milagro del nuevo nacimiento, puede consolarse con esto: Usted puede descubrir si está o no entre aquellos que recibirán los beneficios de su obra de gracia. Lo que debe hacer es confiar solamente en Cristo, lo que confirma la obra de Dios en su corazón.

Cristo le recordó a Nicodemo la historia del Antiguo Testamento cuando Moisés levantó la serpiente de bronce sobre un asta e invitó a aquellos que tenían el veneno fatal a que miraran. Si ellos lo hacían, ese acto de fe los sanaría. Estas son las palabras de Cristo:

> Y como Moisés levantó la serpiente en el desierto, así es necesario que el Hijo del Hombre sea levantado, para que todo aquel que en él cree, no se pierda, más tenga vida eterna. Porque de tal manera amó Dios al mundo, que ha dado a su Hijo unigénito, para que todo aquel que en él cree, no se pierda, más tenga vida eterna (Jn. 3:14-16).

Imagínese lo que ocurrió aquel día en el desierto. Muchos se quejaron, alegando que la invitación no tenía sentido. ¿Cómo podía ser que mirar a una serpiente (u otro objeto) que ni siquiera tocaba a los enfermos pudiera ser un remedio para el mal dentro de ellos?

Esa es una buena pregunta, pero el hecho es que Dios escogió hacer un milagro; Él escogió actuar a favor de aquellos que tenían fe en el mandamiento de Moisés. De igual manera, nosotros miramos a Cristo para sanarnos de la enfermedad llamada pecado. No entendemos como alguien que murió y resucitó hace dos mil años pueda ahora hacer un milagro permanente en nuestros corazones, pero Dios dice que si miramos, viviremos.

Esa mirada es un reconocimiento humilde de nuestra pecaminosidad, una decisión de recibir la obra de Cristo a nuestro favor. Es una mirada que abarca las maravillas del amor de Dios por nosotros y le invita a Él a declararnos justos y nos hace hijos suyos para siempre. Esta fe es un boleto para el camino angosto que lleva a la vida.

Para algunos este acto resulta en una experiencia inmediata de paz y de libertad de sentimientos de culpa. Para otros es un momento sereno con poca emoción o profundos sentimientos. Para todos es el comienzo de una relación completamente nueva con Dios. Las líneas de comunicación rotas han sido restauradas. Al fin conocemos a Dios.

Este no fue el último contacto que tuvo Nicodemo con Cristo. Después de que Jesús muriera en la cruz, hubo necesidad de enterrar el cadáver, de manera que José de Arimatea se llevó el cuerpo: «También Nicodemo, el que había visitado a Jesús de noche, vino trayendo un compuesto de mirra y de áloes, como cien libras. Tomaron, pues, el cuerpo de Jesús, y lo envolvieron en lienzos con especias aromáticas, según es costumbre sepultar entre los judíos» (Jn. 19:39, 40). Este fue un paso valiente para un hombre que era un dirigente judío. Se suponía que Cristo era su enemigo, pero Nicodemo se preocupó por Él como amigo.

Podemos estar seguros de que sólo alguien que había experimentado el nuevo nacimiento tendría el valor de ser contado entre los discípulos de Cristo, arriesgándose al ostracismo e incluso a la muerte. Nicodemo había pasado de las opiniones a las convicciones, de la muerte a la vida. Él fue a Jesús de noche, pero después se identificó con Cristo a la luz del día.

¿Puede la religión ser aburrida? Sí, mientras Dios aparezca distante y ausente de nuestra experiencia. Mientras que Nicodemo vivió al nivel de ritual, encontró su religión vacía; cuando fue a Cristo con fe, su vida se llenó. Por supuesto, usted puede caer en rutinas pesadas aun después de haber nacido de nuevo. Pero ahora tenemos una razón para estar entusiasmados. La vida tiene nuevo significado. Incluso las personas religiosas deben nacer de nuevo.

Ahora permítame preguntarle: ¿Ha nacido usted de nuevo, mi amigo? Mientras que usted ha estado leyendo este capítulo, Dios pudo estar «abriendo su corazón». Si es así, déjele que termine lo que ha empezado. Vaya a Dios ahora mismo. Acepte a Cristo como aquel que murió por usted. Crea y sea salvo.

Nicodemo necesitó este milagro, y nosotros también.

NOTAS

1. Letra y música de John W. Peterson. Copyright 1948, renovado por John W. Peterson Music Co. Todos los derechos reservados. Usado con permiso.

CAPÍTULO CINCO

GUARDADOS EN LAS MANOS DE DIOS

«Así que, ¡eso es lo que usted cree!»

El hombre soltó esas palabras como un jugador de ajedrez cuando está a punto de mover su reina y declarar: «¡Jaque mate!»

«Si *eso* es lo que usted cree», continuó, «puedo entonces recibir la gracia de Dios de una vez y para siempre y después vivir como un bandido y todavía ir al cielo.» El trato parecía demasiado bueno para ser cierto. La idea de tener la reserva para el cielo sin que pueda ser cancelada y sin importar cómo viviera era realmente atractiva.

¿De forma que es cierto que la salvación una vez recibida no se puede perder?

Vamos a preguntarle a Ted Turner.

«Fui salvo siete u ocho veces, pero cuando perdí la fe me sentí muy bien», dijo Turner cuando dirigía la palabra a un grupo de humanistas. Fue educado, dijo él, en un ambiente extremadamente religioso, incluyendo seis años en una escuela preparatoria cristiana con enseñanza bíblica, servicios religiosos diarios y encuentros regulares con evangelistas.

Continuó diciendo: «Sin ninguna otra influencia en mi vida en aquel tiempo y por la manera en que fue machacado en mí, creo que fui salvo muchas veces.» Agregó que llegó a pensar en la obra misionera, pero cuando su hermana pequeña se puso enferma, «oré y nada ocurrió, por supuesto». Cuando ella falleció, dijo Turner, no pudo entender por qué este amante Dios del cual había oído hablar permitía que alguien inocente sufriera.

Turner todavía no había terminado:

> Pensé acerca de ello y me dije a mí mismo: No estoy seguro que quiero seguir en esto. Si Dios es amor y todopoderoso, ¿por qué permite que estas cosas sucedan? Esa interpretación de que es la voluntad de Dios ... eso no me entusiasma mucho. Empecé a perder la fe y cuanto más la perdía mejor me sentía.[1]

Aquí tenemos, pues, a un hombre que fue salvo «siete u ocho veces», pero nadie le puede acusar hoy de que es un creyente. Él representa a muchos otros que aparentemente fueron una vez «nacidos de nuevo», pero que perdieron su fe a lo largo del camino.

La cuestión de si un creyente nacido de nuevo puede perder su fe e ir a parar al infierno para siempre ha sido controversial en la historia de la iglesia. No puedo pretender solucionar cientos de años de desacuerdo en un sólo capítulo, pero sí puedo darle unas cuantas razones de por qué algunos pensamos que la Biblia lo enseña claramente. Y puedo tener también una explicación para los Ted Turner de este mundo.

Yo sé, por supuesto, que hay personas que creen que somos salvos sólo mientras nos mantenemos «en la fe». Esto está basado a menudo en la idea deprimente de que si morimos con pecados que no han sido confesados, Dios anula todo lo que hizo por nosotros. Nuestra justificación queda cancelada; el nuevo nacimiento queda sin efecto.

Me senté una vez junto a un hombre en un avión que le habían enseñado eso siendo niño. Estaba temeroso de haber cometido algún pecado que no había confesado. Si él moría durante la noche, iría a la condenación eterna. Cuando llegó a la adolescencia se dio cuenta de que nunca «permanecería salvo», de manera que decidió abandonar la fe hasta algún momento en el futuro, quizá antes de morir. «Estoy de vacaciones en cuanto a vivir la vida cristiana», me dijo.

Harry Ironside, quien fue pastor por muchos años de la Iglesia Moody en Chicago, dijo que se encontró con un hombre que declaraba haber sido salvo noventa y nueve veces. (En realidad si él creía que perdía su salvación cada vez que pecaba, pienso que el número de veces sería mucho más elevado.)

Una mujer que creció con esta clase de desconcertante teología contaba que en su iglesia el borrachito del pueblo se salvaba cada domingo por la mañana y se embriaga cada domingo por la tarde. Un día el pastor le dijo: «El próximo domingo deberíamos fusilarte inmediatamente después de ser salvo.»

Estaba bromeando, por supuesto, pero usted entiende bien el sentido. Si usted cree que una persona pierde la salvación cada vez que cae en pecado, le haría un favor si lo matan en el momento que es salvo. Eso es mejor que morir mañana condenado.

Otros dicen que perdemos la salvación sólo cuando pecamos intencionalmente y ya no estamos en «estado de gracia». Esto puede suceder mediante el fracaso moral o por alejarnos de la Biblia y caer en serio error doctrinal. Si usted está convencido de esto, entonces todos los que cometen suicidio están perdidos en el infierno. En todo caso, el razonamiento viene a decir que no podemos estar seguros hoy de que seamos salvos mañana.

He conocido incluso a algunas personas que dicen que no deberíamos consolar a otros con el pensamiento de que podemos estar seguros del cielo porque terminan sintiéndose satisfechos de sí mismos y «viviendo como demonios». Temen que la gente consiga un boleto para el cielo y luego vivan descuidamente, funcionando como les plazca. Y todos nos hemos tropezado con individuos que parecen hacer exactamente eso.

¿Pero es esa una buena razón para abandonar una doctrina que es enseñada en las Escrituras? Y lo que es más importante, quiero mostrar que nuestra seguridad puede ser la motivación para vivir una vida cristiana dedicada.

SALVO HOY, SALVO PARA SIEMPRE

Usted ya habrá adivinado que voy a insistir en que Dios no sólo toma la iniciativa de salvarnos sino que también se ha comprometido con aquellos que Él salva, comprometido a llegar hasta el final. Él llevará a todos sus hijos al hogar celestial.

La Biblia es un libro consecuente y no puede contradecirse a sí mismo. Creo que confirma de manera abrumadora que un verdadero creyente nunca se perderá. La obra de Dios en el corazón humano es a la vez milagrosa e irreversible. La salvación, como ya hemos aprendido, es la obra poderosa de Dios. Nuestra decisión de aceptar a Cristo está enraizada en sus planes e intenciones soberanas.

Cuando el Espíritu Santo viene a morar en nuestros corazones somos «sellados para el día de la redención» (Ef. 4:32). Somos como una carta certificado echada al correo en la tierra, pero que está garantizado que llega al cielo. Dios es tanto el remitente como el receptor. Podemos decir que Él nos sella aquí; y a pesar de las turbulencia del camino, nadie puede abrir el sello hasta que hemos llegado con seguridad. Y Dios estará allí listo para hacerlo.

Vamos a sumergirnos en esto y examinar cuidadosamente un pasaje de las Escrituras que pinta un cuadro muy completo de la atención detallada que Dios da a aquellos que llegan a ser miembros de su familia.

Examinemos juntos algunas ideas teológicas interesantes que muestran que Dios nunca rechazará a sus hijos. Ellos nunca quedarán perdidos en una batalla de custodia de hijos; fueron comprados por su Hijo, y se ha comprometido a guardarlos incluso cuando se portan mal.

CINCO ESLABONES IRROMPIBLES

Probablemente usted ha visto un edificio en construcción: cemento, arena, ladrillos, vigas de hierro aparecen amontonadas junto a los pozos y zanjas excavadas para los cimientos. Día a día albañiles y carpinteros van armando el rompecabezas. Poco a poco va emergiendo un nuevo edificio procedente de aquellos materiales sin relación anterior.

¿Cómo tiene lugar una transformación semejante? Siguiendo los planos. Antes de que empiece la construcción, uno o varios arquitectos dedicaron innumerables horas trazando los planos que incluían todo, desde los detalles del tejado a las tomas eléctricas.

Si los humanos son suficientemente inteligentes para saber que un edificio no puede construirse sin unos buenos planos, a fin de que cada ladrillo y ventana encajen bien, podemos ver con facilidad que Dios no nos hubiera creado a nosotros si no tuviera un plan específico en mente. Fuimos escogidos y diseñados con un propósito.

Dios estaba preparándolo todo para nuestra llegada a la tierra mucho antes de que nosotros apareciéramos en escena. En las Escrituras, la cortina se descorre y podemos echar una ojeada en los planes y aspiraciones del Dios Todopoderoso. Allí descubrimos que no somos una ocurrencia tardía.

En Romanos 8:29, 30 el apóstol Pablo usa cinco verbos para describir la gran obra de Dios a nuestro favor. Lea el pasaje. Si no está familiarizado con algunos de los términos, no se desanime. Se los definiremos en un momento.

> Porque a los que antes conoció, también los predestinó para que fuesen hechos conformes a la imagen de su Hijo, para que él sea el primogénito entre muchos hermanos. Y a los que predestinó, a éstos también llamó; y a los que llamó, a éstos también justificó; y a los que justificó, a éstos también glorificó (Ro. 8:29, 30).

Ha leido un pasaje que contiene cinco verbos que forman eslabones en una cadena inquebrantable. Dios empieza, dice Pablo, con aquellos «a los que antes conoció» y termina con aquellos a quienes «glorificó». No hay escapatoria; no hay posibilidad de que uno de los hijos de Dios pueda caer por entre las rendijas. Todos le pertenecen desde el principio, y son todavía suyos en la eternidad.

«A los que antes conoció»

Esto significa mucho más que el hecho de que Dios supo acerca de nosotros con antelación. Quiere decir que Él «nos amó desde antes de». Mucho antes de que llegáramos al planeta Tierra Él nos había escogido para ser suyos; ya éramos amados.

El Antiguo Testamento usa la expresión *conocer* en el mismo sentido. La versión *Reina-Valera Revisada* 1960 dice en Amós 3:2: «A vosotros solamente he conocido de todas las familias de la tierra». Es interesante notar que la versión *La Biblia de las Américas* lo traduce: «Sólo a vosotros he escogido de todas las familias de la tierra.» Y esa es, por supuesto, la idea. Quizá la mejor manera de traducirlo es decir que aquellos que son conocidos son sobre los que Dios pone su afecto.

Si usted es un cristiano nacido de nuevo, puede parar ahora mismo y dar gracias a Dios porque usted significa tanto para Él.

«También los predestinó»

La palabra *predestinó* significa «marcar con antelación». Era a veces usada por los topógrafos de los pueblos, que llegaban al lugar mucho antes que la gente para marcar dónde iban a ir las calles y los edificios. De igual manera, Dios planeó con anticipación que seríamos «hechos conforme a la imagen de su Hijo». Su plan se llevará a cabo, porque Dios se deleita en honrar a su Hijo dándole «muchos hermanos». Nunca seremos, por supuesto, como Cristo en su esencia, pero «seremos semejantes a él, porque le veremos como él es» (1 Jn. 3:2).

«A éstos también llamó»

El tercero es el verbo *llamó*. Cuando somos «llamados», experimentamos la convicción del Espíritu Santo y respondemos al evangelio de Cristo. Este llamado particular es eficaz; es decir, que alcanza los resultados propuestos. El Espíritu Santo ilumina nuestras mentes, abre nuestros corazones, nos hace conscientes de nuestras necesidades y nos da la habilidad de depositar nuestra fe en Cristo.

Cuando transferimos nuestra confianza a Cristo, pensamos que la decisión es completamente nuestra y que nuestro destino está en nuestras manos. Pero, como ya hemos aprendido, debemos mirar hacia atrás y veremos que su inicio está en el plan inescrutable y manifiesto de nuestro Padre celestial.

«A estos también justificó»

En razón de que ya hablamos sobre la justificación en un capítulo anterior, sólo necesito señalar acá que esto significa más que el hecho de que nuestros pecados son perdonados. La justificación quiere decir que he sido declarado tan justo como Cristo Jesús mismo y que seré tenido como tal por toda la eternidad.

«A estos también glorificó»

Por último, llegamos a la palabra *glorificó*. Mírese al espejo, y todos estaremos de acuerdo en que ninguno de nosotros parece muy glorificado en el aquí y ahora. La glorificación que significa recibir nuestros nuevos cuerpos y naturalezas sin pecado, parece tan lejana que nos preguntamos qué significará en realidad. Hoy no estamos glorificados, y todos los sabemos. A pesar de todo, esa es la meta a la que nos dirigimos.

Los dos primeros eslabones en la cadena empezaron en la eternidad pasada, el tercero está en la tierra, y los dos últimos terminan en el cielo. Advierta que Dios es el sujeto de cada uno de estos verbos; eso quiere decir que Él es que actúa, y nosotros somos los beneficiarios de la acción. Nosotros «recibimos» los beneficios de la mano providencial de Dios. Y lo que Él empieza lo termina.

Más aún, cada uno de estos verbo está en tiempo pasado. Incluso la palabra *glorificó* habla de algo que Dios ya ha hecho. Dios escribe el futuro como si fuera historia. Visto desde su punto de vista, ya estamos en el cielo. Alguien ha dicho que esto es una «atrevida anticipación». ¡Qué garantía más estupenda!

Aquellos que fueron «conocidos» en la eternidad pasada son aquellos que terminan siendo glorificados. Ni Satanás ni ellos mismos pueden causar que Dios cese en su amor y su fidelidad. Él los llevará a donde Él dice que ya están.

CRISTO NUESTRO ABOGADO

Si usted está maravillado tratando de comprender toda la atención que Dios se complace en darnos, sepa que hay más. Pablo mismo parece que no sabe ni cómo continuar. Inmediatamente después de mencionar los cinco «eslabones», él escribe: «¿Qué, pues, diremos a esto? Si Dios es por nosotros, ¿quién contra nosotros?» (Ro. 8:31). Aunque él se pregunta qué decir, no se para allí. Bajo la inspiración del Espíritu Santo, sigue para asegurarnos la fidelidad de Dios hacia su pueblo.

Él visualiza un escena de tribunal de justicia. «¿Quién acusará a los escogidos de Dios? Dios es el justifica. ¿Quién es el que condenará? Cristo es el que murió; más aun, el que también resucitó, el que además está a la diestra de Dios, el que también intercede por nosotros» (vv. 33, 34).

Esto no es un juzgado municipal; ni tampoco en el Tribunal Supremo del país. Este es el tribunal Supremo del universo. Dios está escuchando los procesos, y si usamos nuestra imaginación, podemos escuchar las acusaciones.

Véase a sí mismo como el acusado. Usted está sentado en el banquillo de los acusados. El diablo que está conchabado con la conciencia de usted, se halla sentado en el lugar correspondiente al fiscal acusador. Sentado a su lado está Cristo, su abogado, que ha decidido defender su caso. Sentado en su trono está el Juez de toda la tierra, Dios Todopoderoso.

El diablo empieza con las acusaciones. Da razones (muchas) por las que usted debería ser excluido del cielo. Lo que hace que todo sea más desconcertante y vergonzoso es que él no sólo menciona pecados comunes que usted haya cometido, sino que expone sucios secretos que usted pensaba que estaban bien escondidos. Le guste o no, todos sus trapos sucios aparecen en la sala del tribunal. Todo resulta más vergonzoso por el hecho de que lo que se dice es absolutamente cierto. Usted no puede ponerle su propio matiz a los detalles porque está en la presencia de Dios, quien tiene pleno conocimiento de todas las cosas, tanto las reales como las posibles. Usted ya está bien avergonzado, pero todavía queda más.

Satanás lanza la conclusión condenatoria: «Esta persona no puede ser un miembro de la familia de Dios. Debe ser arrojado de la presencia de Dios para siempre.» En su argumentación final afirma que si el Juez no concuerda con su conclusión, puede aportar todavía más acusaciones. Es realidad, un camión lleno de pecados está aparcado fuera del edificio.

¿Cuáles son sus opciones? Usted no puede negar las acusaciones. Dios conoce muy bien su vida, y usted tampoco la ignora. No le ayuda el compararse con otros, aduciendo que usted no es un pecador tan grande como su vecino de al lado. Usted está siendo juzgado —usted solo— como un solitario ser humano en el tribunal del universo.

Lo que usted una vez consideraba una partícula de pecado que fue fácilmente racionalizado ahora parece un monte. Las excusas que usted planeaba usar se evaporan como recío bajo el sol ardiente.

Su mejor opción, mejor dicho, su *única* opción, es ponerse en las manos de su abogado. Dejar que sea Cristo quien lidie con las acusaciones. Simplemente dígale: «Todo está en tus manos.»

Cristo reconoce la realidad de las acusaciones, pero afirma que su muerte canceló la deuda. Él anuncia, suficientemente alto para que el despreciable diablo lo escuche, que este pecador en particular ha sido declarado justo delante de Dios. Y el Juez ya ha decido aceptar los términos de la absolución.

¿Quién se atreverá a contradecir al Juez? ¿Quién se atreverá a llamarte pecador cuando Dios ha escogido declarar que eres un santo? Eso es lo que Pablo dice: «¿Quién acusará a los escogidos de Dios? Dios es el que justifica. ¿Quién es el que condenará? Cristo es el que murió; más aun, el que también resucitó, el que además está a la diestra de Dios, el que también intercede por nosotros» (Ro. 8:33, 34).

La presencia de Cristo en los cielos garantiza que aquellos que son suyos no caerán bajo el juicio de Dios. No hay escapes legales mediante los cuales Dios pueda salirse de su compromiso de salvar a aquellos que han creido en su Hijo amado. Él no puede hacerlo, ni quiere.

Incluso a medida que lee este libro, si usted es un creyente en Cristo, usted ya reside en el cielo. Estamos «en Cristo», y Cristo está a la diestra de Dios el Padre. No podemos ser arrojados del cielo a menos que Cristo mismo sea arrojado. Si hemos creido realmente (lo que esto significa lo discutiremos en el siguiente capítulo), podemos estar seguros de que pasaremos la eternidad con Dios.

¿Pero no podría ocurrir algo que pudiera separarnos de Cristo? Para nosotros los escépticos, Pablo menciona ahora aquellas cosas que intentarían meter una cuña entre nosotros y Dios. Justo cuando parece que vamos a estar libre de culpa, Satanás va a querer hacernos dudar del amor de Dios. O podemos tener una tragedia en nuestra familia, y lo primera que cruza por nuestra mente es *si Dios de verdad nos ama, ¿por qué esto?* Hay veces cuando nos sentimos como desheradados y ocasiones cuando podemos ser perseguidos por nuestra fe en Cristo. Y cuando la economía se hunde y perdemos todo aquello por lo que hemos trabajado toda la vida, es fácil concluir que Dios en realidad no se preocupa por nosotros.

Escuche como Pablo formula tres preguntas y después las responde:

> ¿Quién nos separará del amor de Cristo? ¿Tribulación, o angustia, o persecución, o hambre, o desnudez, o peligro, o espada? Como está escrito: Por causa de ti somos muertos todo el tiempo; somos contados como ovejas de matadero. Antes, en todas estas cosas somos más que vencedores por medio de aquel que nos amó. Por lo cual estoy seguro de que ni la muerte, ni la vida, ni ángeles, ni principados, ni potestades, ni lo presente, ni lo porvenir, ni lo alto, ni lo profundo, ni ninguna otra cosa creada nos podrá separar del amor de Dios que es en Cristo Jesús Señor nuestro (Ro. 8:35-39).

¿Qué nos puede separar del amor de Cristo? La muerte no puede hacerlo; la vida con todas sus dificultades tampoco; los ángeles no pueden; Satanás de ninguna de las maneras; las calamidades presentes tampoco, las catástrofes futuras tampoco podrán; como tampoco las autoridades políticas; ni ninguna otra cosa que se nos haya olvidado en esta lista.

CRISTO NUESTRO PASTOR

Cuando Pablo escribió: «Como está escrito: Por causa de ti somos muertos todo el tiempo; somos contados como ovejas de matadero» (v. 36), estaba citando el Salmo 44:22. Aunque el pueblo de Dios es a menudo maltratado, calumniado y malentendido, el Pastor no los abandona. Incluso aunque fueran degollados, este Pastor los preserva por toda la eternidad.

Pablo señala, por supuesto, que a pesar del mal trato que puedan recibir, las ovejas de Dios son todavía ovejas de Dios.

Él nunca se olvidará de ellas ni las abandonará. Él no los rechazará porque son preciosos a sus ojos.

Cristo confirma el compromiso del pastor para con sus ovejas en los términos más fuertes: «Mis ovejas oyen mi voz, y yo las conozco, y me siguen, y yo les doy vida eterna; y no perecerán jamás, ni nadie las arrebatará de mi mano. Mi Padre que me las dio, es mayor que todos, y nadie las puede arrebatar de la mano de mi Padre» (Jn. 10:27-29). La seguridad de las ovejas es la prioridad más grande del Padre y del Hijo.

Imagínese a un pastor a quien le han entregado, digamos, cien ovejas en la mañana y regresa por la tarde con sólo noventa y cuatro. Él quedará completamente avergonzado por haber perdido algunas de las ovejas confiadas a su cuidado. Él podrá protestar alegando que aquellas ovejas eran muy obstinadas, que se iban por su propio camino y que no querían ser guiadas de vuelta al redil. Incluso así su reputación quedará manchada. Los pastores tienen completa responsabilidad por las ovejas, sin importar cuán irascibles puedan ser.

Las ovejas (esto es, aquellos de nosotros que creemos en Cristo) son un regalo del Padre para el Hijo. Estamos en las manos del Hijo y en las del Padre también. Aquí tenemos dos pares de manos que trabajan en armonía, lo que representa una doble seguridad para ovejas propensas a vagar.

Si usted no está todavía convencido, protestando que «Cristo sostiene las manos de los suyos, pero podemos —si soltamos nuestras manos de las suyas— deslizarnos entre sus dedos», le diré que el asunto no es tan simple. Nosotros somos uno de sus dedos (Ef. 5:30).

Los creyentes se han alineado con los propósitos de Dios. Tienen la seguridad de que si han confiando personalmente en el Pastor, están protegidos de aquí a la eternidad. Dios no se va a olvidar de ellos ni siquiera en su rebelión.

Esta mañana me encontré una nota sobre mi escritorio que me decía que un cristiano nacido de nuevo se había suicidado. El hombre se fue de la casa y se disparó un tiro, dejando a una esposa afligida y a unos hijos aturdidos. Las razones no están claras, excepto que estaba cansado del dolor emocional sufrido por el abuso que padeció de niño. Aunque amaba a Cristo, él creyó que ya no podía aguantar más.

Nadie conoce, por supuesto, el corazón de una persona excepto Dios. Pero estoy convencido de que aquellos que han confiado en Cristo están en el cielo hoy, incluso si mueren con esta clase de pecado en sus conciencias. Las ovejas rebeldes tienen también entrada en el cielo.

El Hijo no va a perder a aquellos que el Padre ha confiando en Él.

Los hijos del Padre celestial
Seguros en su seno se juntan;
Ninguna avecilla ni estrella en el cielo
Jamás tuvieron un refugio así.

Ni la muerte ni la vida podrán
Del Señor a sus hijos separar;
A ellos su gracia ha mostrado,
Y sus penas todas Él conoce.

DIOS, TED TURNER Y USTED

¿Pero qué hacemos con Ted Turner que dice que fue salvo siete u ocho veces, pero se sintió mejor cuando perdió su fe? ¿Qué hacemos con todos aquellos que se apartaron de la verdad que una vez conocieron? Estas son preguntas difíciles, y debemos considerarlas cuidadosamente, porque sólo Dios conoce el corazón humano.

Es cierto que el hecho de que Dios tenga un lugar reservado en el cielo para nosotros puede llevar a algunos a abusar de esa seguridad. Pero el nuevo nacimiento nos da amor por Dios, un deseo de vivir para Él y no para nosotros. Nuestra motivación es ser siervos de Cristo, no siervos del diablo.

Supongamos que una mujer joven se compromete con un hombre. Ella sabe que él es digno de confianza y que cumplirá su palabra de casarse con ella. ¿Va a usar ella esta promesa como una excusa para dormir con otros hombres, sabiendo que su prometido se casará con ella a pesar de todo? ¡Por supuesto que no! Ella ama a su prometido. Su compromiso de casarse con ella hace que ella le ame más todavía. Seguro en su amor, ella quiere agradarle en todo.

De manera semejante, aquellos que Dios ha reconciliado consigo mismo desean agradarle. Tenemos que admitir la realidad de que la gracia puede ser mal usada; sí, e incluso abusar. Un verdadero creyente puede en realidad abandonar la fe; y cuando eso sucede el Padre disciplinará a su hijo por desobediencia. Por cierto, esa disciplina es una prueba de que es tenido como hijo (véase He. 12:6-8). Esa disciplina puede que no siempre sea efectiva, porque a veces los hijos de Dios puede ser obstinados, pero será administrada. Dios no abandona a sus hijos cuando se portan mal.

Pero —y esto es importante— tenemos también que recordar que muchas personas que piensan que han confiando en Cristo como su Salvador, no es así. Puede que nunca hayan sido una oveja de Dios, aunque han oído hablar acerca del Pastor toda su vida y conocen a algunas de sus ovejas. Más tarde se alejan de algo que realmente nunca tuvieron, niegan una fe que ellos piensan tuvieron.

Escuchemos como Ted Turner continúa explicando su comprensión de por qué rechaza la obra de Cristo a su favor.

> Si usted realmente acepta la Biblia por lo que dice, el Nuevo Testamento en todo caso, la manera en que generalmente es interpretado, entonces todo el mundo va al infierno. Esta idea del pecado es horrible y repugnante. Cristo tenía que venir aquí y sufrir y morir en la cruz, a fin de que nuestros pecados fueran lavados con su sangre ... ¡Vamos, hombre! Permítame decirles, nadie tiene que morir en la cruz y tener un sacrificio de sangre en la manera que las religiones antiguas lo tenían en las pirámides de México, donde cortaban los corazones de las vírgenes.[2]

Un par de observaciones. Primera, Turner obviamente cree que no es necesario un sacrificio de sangre para limpiar la ofensa por el pecado. Pero el que ese sacrificio sea o no necesario no lo podemos decidir nosotros. Si la Biblia es una revelación confiable de parte de Dios, como todas las evidencias lo prueban, entonces el que Cristo tuviera que morir en la cruz para salvarnos de nuestros pecados no es en realidad asunto nuestro. Nosotros no establecemos las normas mediante las que Dios actúa.

Segunda, igualar el sacrificio de Cristo al sacrificio de víctimas humanas (cortar el corazón de las vírgenes) de las religiones paganas es no querer ver el abismo de separación que existe entre Cristo y otros maestros religiosos y creencias. Hay una diferencia infinita entre el cristianismo, que demanda un sacrificio divino-humano, y el paganismo, donde los pecadores matan a otros pecadores en un intento inútil de quitar el pecado. Incluso los paganos saben que el sacrificio es necesario para quitar los pecados, pero solamente el cristianismo da la razón de que el sacrificio de Cristo es el único que Dios acepta.

Las palabras de Turner son las de un hombre que nunca ha comprendido las bases de la fe cristiana. Él puede que haya orado oraciones, escuchado el evangelio, e incluso hecho una decisión, pero la simiente de la Palabra de Dios nunca echó raíces en su corazón. Él debe haber pensado que una vez llegó a ser cristiano porque trató de vivir como un cristiano. Cuando eso no le llevó a ninguna parte, como bien pudo suceder, él se deshizo de la «fe». La Biblia está llena con advertencias sobre apóstatas que abandonaron la fe que ellos afirman una vez abrazaron.

En Canadá un grupo de hombres vendieron árboles de hojas perennes a los vecinos de un barrio, y despues los plantaron. A pesar de que los propietarios los regaron repetidas veces, los arbolitos empezaron a marchitarse, negándose tercamente a crecer. Un vecino ya exasperado removió la tierra y arrancó uno de los arbolitos, descubriendo que podía haberlo arrancado con una sola mano. Estos hombres, estafadores que eran, les habían vendido simples ramas de árboles y los habían plantado clavándolos en el suelo.

Cristo tiene una palabra para los Ted Turner de este mundo. Cuando los fariseos se sintieron ofendidos por algunos de los comentarios fuertes que Él les hizo, les respondió simplemente: «Toda planta que no plantó mi Padre celestial, será desarraigada» (Mt. 15:13). Si nosotros no hemos sido «plantados por Dios» nuestro compromiso con Cristo no sólo es superficial sino también un espejismo. Las decisiones que nosotros tomamos se pasan; pero lo que Dios hace permanece. En esta vida, el trigo y la cizaña crecen juntos. Pero en el tiempo de la cosecha serán separados. Dios conoce a los que son suyos.

¿Qué clase de fe es la que salva?

El obispo Munsey cuenta la parábola de un hombre que, cuando caminaba solo, se cayó de repente por un acantilado. Cuando se precipitaba hacia el fondo, pudo agarrarse de una rama que sobresalía de una roca. Se asió de ella y quedó allí colgado, suspendido sobre las rocas afiladas del fondo.

La historia continúa diciendo que apareció un ángel, y el hombre le suplicó al ángel que lo salvara. El ángel respondió:

—¿Tú crees que yo *puedo* salvarte?

El hombre vio los brazos fuertes del ángel y contestó:

—Sí, yo creo que tú eres capaz de salvarme.

El ángel entonces le preguntó:

¿Tú crees que yo te *voy* a salvar?

El hombre vio la sonrisa en el rostro del ángel y contestó:

—Sí, creo que tú me salvarás.

A lo que el ángel respondió:

—Si tú crees que yo puedo salvarte y crees que voy a salvarte, entonces, *¡suéltate!*

Ese «suéltate» es fe. Dejamos de aferrarnos a nuestro bautismo, nuestras buenas obras, a nuestros propios esfuerzos de agradar a Dios. Nos volvemos de nuestra propia pecaminosidad y ponemos nuestra confianza en Cristo. Cuando nos entregamos a Él para nuestra salvación, Él lo hace. «De cierto, de cierto os digo: El que oye mi palabra, y cree al que me envió, tiene vida eterna; y no vendrá a condenación, mas ha pasado de muerte a vida» (Jn. 5:24). Es es una promesa con la que puede contar.

Hemos aprendido que hay muchas personas que en realidad no creen en Cristo, sino que sólo *piensan* que han creído, y que hay muchos también que han creído, pero no están seguro de ello. Se preguntan: ¿He creído *en realidad*?

¿En qué consiste la seguridad? ¿Cómo podemos saber en realidad de que pasaremos la eternidad con Dios?

De eso hablaremos en el próximo capítulo.

NOTAS

1. Ted Turner, en *The Humanist* (El humanista), enero-febrero 1191, p. 13.
2. *Ibíd.*

CAPÍTULO SEIS

SALVOS CON SEGURIDAD

En el cuadro sobre el juicio final de Miguel Ángel, las expresiones de los rostros de aquellos que están a punto de ser juzgados reflejan incertidumbre y temor. Nadie en el fresco, excepto la Virgen María, sabe cuál va a ser su destino final.

¿Cuál sería la expresión de nuestros rostros si supiéramos que, digamos, exactamente en una hora estaríamos en la presencia de Dios? Samuel Johnson observó: «¡Nada enfoca más la mente que el saber que vas a ser colgado!» No importa cuán seguros digamos sentirnos, todos tenemos nuestros temores a la hora de cruzar la frontera de lo desconocido.

Con todo, a pesar de nuestras ansiedades, podemos tener una convicción firme de que Dios nos aceptará sin dudas ni reservas. Él no juega con nosotros, manteniéndonos en el aire, en el sentido espiritual. Un Padre amoroso quiere que sus hijos sepan que le pertenecen. La muerte, aunque es misteriosa, no tiene por qué aterrorizarnos.

Aquí tiene una promesa en la que puede confiar: «Así que, por cuanto los hijos participaron de carne y sangre, él también participó de lo mismo, para destruir por medio de la muerte al que tenía el imperio de la muerte, esto es, el diablo, y librar a todos los que por el temor de la muerte estaban durante toda la vida sujetos a servidumbre» (He. 2:14, 15). Cristo vino para liberarnos del temor de la muerte.

Pablo compara la muerte al aguijón de la abeja. «¿Dónde está, oh muerte, tu aguijón? ¿Dónde, oh sepulcro, tu victoria?» (1 Co.

15:55). Después que una abeja ha picado a su víctima, ya no puede volver a hacerlo, sin importar cuán amenazador pueda sonar cuando se acerca a un brazo desnudo. Así con la muerte, la muerte se agotó en Cristo. Su aguijón ha sido quitado. Sólo puede atemorizar, pero no destruir.

En el capítulo anterior di las razones por las que Dios va a llevar a sus hijos con seguridad al hogar celestial. Pero ahora llegamos a la pregunta crucial: ¿Cómo podemos tener la seguridad de que somos uno de los hijos de Dios? Es maravilloso creer que aquellos que son salvos están seguros para siempre, pero la pregunta apremiante ahora es: *¿Cómo podemos estar seguros de que estamos incluido en ese número especial?*

Identificaremos más facilmente la verdadera fe cuando la comparemos con algunas que son falsas. Vamos a examinarlas.

UNA FE QUE NO SALVARÁ

Cuando Pablo escribió a la iglesia de Corinto les recordó que él se había propuesto no saber nada entre ellos sino a «Jesucristo, y a este crucificado.» Eso es lo que hizo, y dijo: «Para que vuestra fe no ésté fundada en la sabiduría de los hombres, sino en el poder de Dios» (1 Co. 2:5). Él no quería que la fe de ellos descansara sobre un fundamento indebido.

Las características de la fe verdadera aparecerán claras ante nosotros si la comparamos con algunas ideas populares que se quedan cortas de una fe que realmente salva. La diferencia está entre la sabiduría humana y el poder de Dios.

Primero, está la clase de fe de «creo en Cristo y...» Los fondos mutuos, como usted sabe, es esa forma de inversión que diversifica el riesgo. Usted compra participaciones en un cierto número de diferentes compañías de manera que si una tiene problemas las demás le compensarán de la posible pérdida, y al final su inversión estará segura.

Esa es la manera en que algunos piensan acerca de la fe en Cristo. Creen en Él, pero también creen que el bautismo les ayuda a salvarse, así como la eucaristía, participar en los servicios de la iglesia, y las buenas obras. Si alguna de estas cosas no es suficiente para llevarte al cielo, las otras compensan. O quizá cuando las sumamos todas juntas, todas acumuladas aportan suficientes méritos para llevarnos a Dios.

En un restaurante, una mujer se paró a saludar a un amigo mío, y empezamos a conversar sobre la religión en general y sobre el cristianismo en particular. Durante el curso de la conversación le pregunté:

—¿Por qué cree usted que Dios le va a dar entrada en el cielo?

A lo que ella contestó:

—Mi esposo y yo ganamos mil doscientos dólares en una venta de postres y lo entregamos para obras de caridad.

Cuando le pregunté si ella tenía alguna otras cosa que ofrecerle a Dios, ella mencionó algunas otras cosas buenas que había hecho.

—¿Pero qué si Dios demanda más que eso? —insistí.

Ella respondió que dependería de la gracia de Dios para el resto.

En este momento nuestro común amigo contó una ilustración:

«Un hombre llegó a la puerta de entrada al cielo y allí San Pedro le preguntó por qué suponía él que sería admitido en el cielo.

«El hombre replicó:

—Mis padres me bautizaron.

A lo que Pedro contestó:

—Por eso merece cinco puntos.

—Fui al templo todas las semanas.

—Eso le acredita veinte puntos.

—Fue a confesarme dos veces al año.

—Eso le hace ganar otros diez puntos.

—Me comporté honradamente en los negocios.

—Eso le acredita otros cinco puntos.

—¿Qué más tienes? —le insistió Pedro.

A estas alturas el hombre empezaba a ponerse nervioso, porque no podía pensar en otros cosas que le acumularan méritos. Por simple aritmética sabía que sólo tenía cuarenta puntos de los cien que necesitaba. Pero afortunadamente se acordó de un sermón que había escuchado acerca de la gracia, y el hombre pudo contestar:

—Depende de la gracia de Dios.

A lo que Pedro contestó:

—Eres afortunado, porque la gracia de Dios vale sesenta puntos.

A un teólogo, por supuesto, le gustaría corregir la anécdota y decir que incluso los otros cuarenta puntos eran también fruto de la gracia de Dios, en razón de que es Él quien nos da las fuerzas para poder hacer buenas obras. Aun así, la historia de la salvación muchos la ven como el esfuerzo cooperativo entre el hombre y Dios. Se basa en la suposición de que podemos contribuir al milagro que tan desesperadamente necesitamos.

Con toda la amabilidad posible, traté de ayudar a esta

estimada señora a darse cuenta que aquellos que intentan distribuir su fe entre Cristo y buenas obras y rituales le están insultando. Todavía no han comprendido que sólo Cristo está calificado para hacernos aceptables delante de Dios. Son como el fariseo que confiaba en Dios *y* en sí mismo para la salvación. Por ese error él salió del templo sin haber sido justificado.

Cuando le pregunté a la señora si estaba *segura* de haber hecho lo suficiente para entrar en el cielo, tuvo que confesar que no, no estaba segura de poder llegar allí. Y no estaba equivocada, porque cuando la persona piensa que la salvación es en parte debida a la gracia de Dios y en parte a sus propias buenas obras, nunca puede estar segura de haber cumplido con su parte en el trato.

La animé a que se decidiera por Cristo sin reservas. Le dije que había una fe en la que podía confiar de verdad. Era esa clase de fe que la llevaría a la seguridad de la salvación y la podría llevar con seguridad al cielo. Hablaremos más sobre esto después.

Está también aquella clase de fe de «creo en Cristo en un sentido general...» Esta fe confunde una señal externa con un milagro interno. Ya he advertido acerca de los peligros de asociar la verdadera salvación con la práctica de responder al llamamiento, acudir al estrado y firmar una tarjeta de decisión. Cuando yo tenía diez años era demasiado tímido para caminar delante de varios cientos de personas mientras se cantaba un himno de invitación. De manera que sufrí durante aquellos momentos pensando que nunca sería salvo. Pensaba: *Si tengo que salir y llegar hasta el estrado para ser salvo, creo que no me libro del infierno.*

De alguna manera tendemos a pensar que Dios no hace nada en nuestros corazones hasta que nosotros no contribuimos de algún modo. Queremos al menos levantar la mano, caminar por el pasillo o cumplir con algún ritual religioso. Aquellos que confunden la fe en Cristo con semejantes rutinas a menudo se vuelven atrás. ¡Piensan que son salvos porque han hecho algo! Y con todo la transferencia de confianza quizá no se ha llevado a cabo.

Si usted se siente inclinado a creer que su propia actuación ayuda a comprar su salvación, tengo una pregunta que hacerle: *¿Qué le hace pensar que sus buenas obras pueden significar más para Dios que los méritos de su Hijo, a quien Él ama tanto?* Las buenas noticias es que Cristo murió diciendo: «Consumado es.» Esa expresión significa: «Completamente pagado.»

Comprender esto le lleva al corazón de la fe que salva.

LA FE QUE SALVA

La fe que salva se basa en una convicción, una creencia firme en algunos hechos. «Es, pues, la fe la certeza de lo que se espera, la convicción de lo que no se ve» (He. 11:1). La palabra *certeza* puede significar también seguridad. La fe, entonces, es una convicción, un sentido de seguridad de que algo es cierto. Y si estamos convencidos de aquello que es verdadero, seremos salvos.

Notemos cómo el apóstol Juan conecta la seguridad de la salvación con un testimonio interno o convicción dentro del corazón:

> Si recibimos el testimonio de los hombres, mayor es el testimonio de Dios; porque este es el testimonio con que Dios ha testificado acerca de su Hijo. El que cree en el Hijo de Dios, tiene el testimonio en sí mismo; el que no cree a Dios, le ha hecho mentiroso, porque no ha creído en el testimonio que Dios ha dado acerca de su Hijo. Y este es el testimonio: que Dios nos ha dado vida eterna; y esta vida está en su Hijo. El que tiene al hijo, tiene la vida; el que no tiene al Hijo de Dios no tiene la vida. Estas cosas os he escrito a vosotros que creéis en el nombre del Hijo de Dios, para que sepáis que tenéis vida eterna, y para que creáis en el nombre del Hijo de Dios (1 Jn. 5:9-13).

¿Cuáles son las características de una fe que salva? ¿Qué clase de fe nos da la seguridad de «para que sepáis que tenéis vida eterna»?

Una fe dirigida sólo a Cristo

La fe salvadora significa que he aceptado a Cristo como mi sustituto, como aquel que llevó mis pecados. Amo y creo las promesas de Cristo de que Él dará vida eterna a los que creen en Él. Calvino lo definió como un «conocimiento firme y cierto de la generosidad de Dios hacia nosotros, fundada sobre la verdad de las promesas de Cristo dadas libremente, reveladas a nuestras mentes y selladas sobre nuestros corazones por el Espíritu Santo.»[1] Esta es una fe que Dios nos da, una comprensión de que Cristo hizo todo lo que es necesario para declararnos justos para siempre delante de Dios.

La fe que salva es una afirmación personal de creer. El apóstol Pablo lo expresó de esta manera: «Si confesares con tu boca que Jesús es el Señor, y creyeres en tu corazón que Dios le levantó de los muertos, serás salvo. Porque con el corazón se cree para justicia, pero con la boca se confiesa para salvación. Pues la Escritura dice: Todo aquel que en él creyere, no será avergonzado» (Ro. 10:9-11). Esto es confianza del corazón, no la simple aceptación de la mente.

R.T. Kendall escribió correctamente: «Somos salvos porque nos persuadimos de que Cristo Jesús es el Hijo de Dios, el Dios-hombre, y que Él pagó nuestra deuda con el derramamiento de su sangre en la cruz ... Si no estamos convencidos de que Cristo ha pagado nuestra deuda no puede haber la seguridad de la fe salvadora, y, por lo tanto, no hay seguridad de la salvación.»[2]

No me malentienda: Debemos creer que Cristo hizo todo lo que es necesario y que será siempre suficiente para que nosotros podamos estar en la presencia de Dios. Si tenemos esa fe, tendremos seguridad; sabremos que tenemos vida eterna.

Obviamente, cuanto más profunda es nuestra creencia de que Cristo hizo todo lo que es necesario para nosotros, mayor será nuestra seguridad. Podemos empezar con una fe pequeña (Cristo dijo que una fe del tamaño de un grano de mostaza es todo lo que se necesita), y con el tiempo crecerá.

Bien que nuestra fe sea pequeña o grande, debe estar dirigida *sólo* a Cristo, porque Dios acepta solamente a aquellos que aceptan a su Hijo. Y cuanto más persuadidos estemos de que sus méritos fueron completamente aceptados por Dios el Padre, tanto más seguros estaremos de que somos salvos, y salvos para siempre.

No nos sorprende, pues, que los rostros de las figuras en el cuadro de Miguel Ángel sobre el juicio final aparezcan marcados por la consternación. En los tiempos medievales, a la mayoría de la gente no les habían enseñado que Cristo había pagado la deuda del pecado por completo de todos aquellos que creen. Les habían dicho que la salvación era un esfuerzo cooperativo entre el hombre y Dios. A los creyentes no se les animaba a pensar que la salvación fuera un don; más bien se esperaba que ellos merecieran los méritos de Cristo. Ellos tenían que poner su parte a la obra de Cristo por medio de sufrimientos y buenas obras. Evidentemente con esa clase de teología nadie estaba seguro de haber hecho lo suficiente. A aquellos que decían que estaban seguros se les acusaba de ser presuntuosos.

Contrasta esto con la actitud de Charles H. Spurgeon, un predicador inglés del siglo pasado, a quien se le cita diciendo que si tenía a Cristo en su corazón por la fe, podía balancearse por encima de las llamas del infierno colgado de un tallo de lino y no temer la condenación. Eso no es presuntuosidad, eso es sencillamente creer de corazón las promesas de Cristo. La diferencia está en si Cristo hizo todo o nosotros debemos ayudarle.

La salvación es cuestión de confiar en un Salvador calificado. Eso implica la suficiencia de la obra de Cristo en la cruz. Eso transfiere la confianza de nosotros a Alguien que tiene de verdad las credenciales para satisfacer las demandas de Dios. Todavía mejor, es una fe en que las demandas de Dios han sido ya satisfechas para aquellos que creen. Mediante la muerte de Cristo somos reconciliados con Dios; mediante su resurrección tenemos la seguridad de que su sacrificio fue aceptado. Para aquellos que creen es un trato ultimado.

Supongamos que alguien dice: «No puedo ser cristiano porque no puedo vivir conforme al estilo de vida cristiano.» Esa persona todavía no ha entendido las buenas noticias. No tenemos que vivir una vida cristiana a fin de ayudar a Cristo a salvarnos. Él es quien cambia todo; Él hace todo lo necesario para hacernos aptos para cielo y para que también vivamos como hijos de Dios en la tierra. Él no espera que nos cambiemos a nosotros mismos primero. Dios sólo requiere que reconozcamos nuestra pecaminosidad y veamos nuestra necesidad de la justicia de Cristo.

Cuando a la edad de catorce años me di cuenta de que no tenia que caminar por el pasillo hacia el estrado en una reunión pública, acepté a Cristo personalmente; entendí que Él había llevado mis pecados en la cruz. Desde aquel momento tengo la firme convicción de que soy salvo, y salvo para siempre. Aprendí que Dios puede obrar en cualquier lugar en todo tiempo. Ser salvos no es algo que nosotros decidimos hacer (aunque es una decisión); no es simplemente el asentimiento de la mente (aunque eso es también). La fe verdadera es una persuasión del corazón. Es una convicción que es forjada dentro de nosotros por el Espíritu Santo. Es nada menos que un don de Dios.

Permítanme decirlo una vez más. *Si usted está persuadido de que Cristo hizo todo lo que es necesario y todo lo que jamás será necesario para llevarle a usted a Dios, ¡usted no sólo será salvo, sino que lo* sabrá!

Hoy usted y yo deberíamos ser capaces de decir con Pablo: «Por lo cual asimismo padezco esto; pero no me avergüenzo, porque yo sé a quien he creído, y estoy seguro que es poderoso para guardar mi depósito para aquel día» (2 Ti. 1:12). Si le preguntáramos a Pablo de dónde sacó esa firme convicción, él nos contestaría: «Así que la fe es por el oír, y el oír por la Palabra de Dios» (Ro. 10:17).

Si usted, mi amigo, está convencido en su corazón que Cristo pagó su deuda, y usted ha puesto la eterna salvación de su alma en las manos de Cristo y en nada más, usted también es salvo, y salvo para siempre. Esas son buenas noticias es un tiempo de titulares de periódico tan deprimentes y de inseguridad económica.

Una fe confirmada por el Espíritu Santo

El nuevo nacimiento, como hemos aprendido, no es algo que nosotros hagamos, sino algo que Dios hace. Recibimos una nueva naturaleza, pero el Espíritu también viene a morar dentro de nosotros.

Escuche las palabras de Pablo: «El Espíritu mismo da testimonio a nuestro espíritu, de que somos hijos de Dios. Y si hijos, también herederos; herederos de Dios y coherederos con Cristo, si es que padecemos juntamente con él, para que juntamente con él seamos glorificados» (Ro. 8:16, 17). El Espíritu nos da un testimonio interno de que somos en verdad hijos de Dios. Hay un sentido de «pertenencia», una convicción interna que de que hemos sido reconciliados con Dios. Empezamos a pensar acerca de nosotros mismos de manera diferente, porque estamos bajo una nueva dirección.

Dios trabaja directamente en los corazones de aquellos que son suyos. Él no hace esto mediante medios de gracia llevados a cabo por hombres, pero Él actúa en combinación con la fe que ha sido plantada dentro del corazón. La iglesia no tiene el poder de incluir o excluir a nadie de la gracia de Dios.

No podemos excedernos en repetir que la salvación es la obra de Dios. Somos salvados directamente por Dios y no por hombres que actúan en su nombre. Los sacramentos son símbolos de lo que Dios hace, pero no son en sí mismos medios de salvación. Un alma puede salvarse sin el bautismo, sin la eucaristía, u otros rituales. En realidad, un alma *sólo se salva aparte de los rituales que los hombres puedan ejercutar.*

Esto explica por qué Juan puede decir: «El que cree en el Hijo de Dios, tiene el testimonio en sí mismo» (1 Jn. 5:10). La iglesia no puede hacer esto por nosotros; Dios lo hace completamente aparte de sus ministros. Si usted cree que Cristo pagó su deuda para ahora y para siempre, usted tendrá un testimonio interno de que es un hijo de Dios.

Todos podemos aprender de John Wesley, un evangelista inglés del siglo dieciocho que se trasladó a América del Norte para convertir a los nativos; pero que regresó a Inglaterra con la abrumadora convicción de que tenía un corazón pecaminoso que nunca había nacido de nuevo. Él escribió: «He aprendido lo que ya sospechaba, que yo, que fui a América para convertir a los nativos, nunca me había convertido a Dios.»

Wesley envidiaba la fe de sus amigos, quienes hablaban de la confianza que tenían de haber conocido a Dios, una fe que les llenaba de gozo y paz. Wesley hubiera dado hasta su última gota de sangre por tener aquella fe en su corazón. Cuando le dijeron que era un don que les era dado a todos aquellos que lo querían, se propuso buscarlo para sí.

El 24 de mayo de 1738, asistió con muy poco interés a una reunión en la calle Aldersgate, donde un hombre leía en voz alta el prefacio de Lutero al libro de Romanos. Wesley escribió: «A las nueve menos cuarto, mientras describía el cambio que Dios había operado en su corazón por medio de la fe en Cristo, sentí en mi corazón un calor singular. Sentí que confiaba en Cristo, sólo en Cristo para mi salvación: Y recibí la seguridad de que Él me había limpiado de mis pecados, incluso los míos, y me salvaba de la ley del pecado y de la muerte.»

Así es como debe ser la fe personal en Cristo para tener la seguridad de que el milagro del nuevo nacimiento ha tenido lugar dentro de nosotros. Una vez que esa confianza brotó en el corazón de Wesley, la seguridad también apareció. Notemos sus palabras: «Sentí que confiaba en Cristo, sólo en Cristo ... Y recibí la seguridad de que Él me habían limpiado de mis pecados, incluso los míos...»

Confiar sólo en Cristo es lo que nos salva. Esa confianza, gracias al poder del Espíritu Santo, nos lleva a la seguridad.

Una fe que produce fruto espiritual

Me he esforzado al máximo para mostrar que no somos salvos por las buenas obras, pero que, una vez que estamos salvos por la gracia de Cristo, se espera que vivamos una vida de buenas obras (véase Ef. 2:10). La transformación interna de nuestra vida forjada por el Espíritu Santo produce el fruto en la vida del cristiano.

Nuestras obras son ahora gratas a Dios porque como individuos hemos sido hechos agradables a Dios por medio de los méritos perfectos de Cristo. Las obras que nosotros hacíamos antes de ser justificados no tenían valor, incluso eran piedra de tropiezo, en nuestra búsqueda de Dios. Las obras que siguen a la justificación son aceptables a Dios porque ahora somos sus hijos y le servimos con amor y gratitud. Cristo hace que nuestras obras imperfectas sean ahora perfectas a los ojos de Dios.

Después de la conversión vemos a Dios de manera diferente. Mas que pensar en Él como un ser impersonal y distante, vamos ahora a hablarle como nuestro Padre celestial. También vamos a ver al pecado de manera diferente. Mas que verlo como algo que toleramos y quizá incluso gozamos, lo vemos como algo que ofende a Dios.

¿Qué papel cumplen las buenas obras en nuestra seguridad de la salvación? Confirman nuestra decisión, pero no pueden convertirse en la base de nuestra seguridad. Proveen de una clase secundaria de prueba, bien alentándonos a obtener una seguridad más fuerte o, a la inversa, si no hay un cambio del corazón, nos da buenas razones para cuestionar nuestra salvación. Pero la seguridad personal está ante todo y sobre todo enraizada en nuestra fe en Cristo.

Si alguien me dice que ha aceptado a Cristo como su Salvador, pero vive la misma vida de egoísmo y de orientación hacia el pecado como antes, tengo razones para pensar que puede estar engañándose a sí mismo. Después de todo, como hemos mostrado en este libro, la obra de Dios en el corazón es profunda y duradera. No solamente debería ser cuestionada la salvación de alguien cuya vida no ha cambiado, sino que él mismo debería cuestionarla también.

Por el otro lado, si la fe de alguien ha producido fruto, si ha habido una transformación de la vida, tenemos entonces razones para pensar que su fe en Cristo puede ser genuina. Debemos de alentarle, pero no deberíamos decir muy rápidamente que es «salvo».

Necesitamos confiar en el Espíritu Santo que le dé la convicción que lleva a la seguridad. A causa de que nosotros no podemos ver lo que hay en el corazón humano, sólo podemos señalar el camino, pero no podemos decirle a la persona que ya ha llegado. Recordemos: Muchos que van a las iglesias y dicen que son cristianos no lo son, aunque ellos piensan que lo son.

Un amigo mío que creció en una iglesia evangélica, creyó hasta la edad de treinta y cuatro años que él era cristiano. Otros también pensaron que era un buen cristiano, la clase de individuo cuya presencia cambiaba la actitud de aquellos a su alrededor. La gente paraba de jurar cuando él entraba en el cuarto; ningún trato sospechoso era tramado en su presencia.

Con todo, por medio de una serie de circunstancias, fue llevado a una profunda convicción de pecado y más tarde fue convertido. Me impactó oírle decir: «Ignoraba que no era salvo hasta aquella mañana en que fui salvado.»

Yo no puedo impartirle seguridad a usted, ni tampoco puede juzgarle si usted me dice que ha sido persuadido en su corazón que Cristo pagó por sus pecados en la cruz. Si usted duda, puedo aconsejarle que mire a Cristo, que estudie sus obras perfectas, y que se aferre de sus promesas maravillosas.

Como pastor he aconsejado a aquellos que buscan a Dios, pero que carecen de la seguridad de la salvación. Un hombre leía su Biblia cuatro horas cada día tratando de obtener la seguridad. Otro fue a un retiro «buscando a Dios». Mientras tanto que estos hombres seguieran mirando a sus obras, nunca pensaron que tenían suficiente para «probar» que eran salvos. En ambos casos tenían toda razón para creer que eran de verdad nacidos de nuevo. (¿Quién iba a estar tan interesado acerca de la seguridad excepto alguien en cuya vida Dios ya había hecho una gran obra?) Pero mi responsabilidad no era impartir seguridad, sino aconsejarlos a que miraran a Cristo y abrazaran su obra completa por ellos.

Es evidente que si miramos a nuestras buenas obras, nunca tendremos suficiente para poder decir: «Ahora sé con seguridad que soy salvo, ahora y para siempre.» Además, no podemos estar seguros que las buenas obras van a continuar en el futuro. Algunos cristianos se han alejado de Dios por años, dando muy pocas evidencias externas de conversión.

Suponga que usted va en un avión y le pregunta a otro pasajero:

—¿Por qué cree que Dios le permitiría entrar en el cielo?

Y él le respondiera:

—Porque soy una buena persona, porque doy dinero para obras de caridad y ayudo como voluntario en un hospital y vivo una vida honrada.

Usted tendría toda razón para dudar de que fuera de verdad cristiano, porque como hemos demostrado, nadie es jamás salvo por las buenas obras.

Si es idolatría tratar de ser salvo por las buenas obras, es con mayor seguridad falso decir que nuestra base primaria para la seguridad sean las buenas obras. Para citar a Calvino una vez más: «Si los hombres empiezan a juzgar si son regenerados por las buenas obras, nada será nunca más inseguro o más negativo.»[3] Cuando nos miramos a nosotros mismos, sólo tenemos razones para desesperarnos. Es imposible derivar perfecta seguridad de nuestras obras imperfectas. Somos salvos al mirar a las «obras perfectas» de Cristo, no las nuestras. Gracias a Él, podemos tener la seguridad interna de que Él ocupó nuestro lugar y pagó nuestra deuda.

Un nuevo convertido puede tener seguridad si está convencido de que Cristo llevó sus pecados en la cruz y que Él hizo a su favor todo lo que es necesario hacer. Esa fe será confirmada por el testimonio interno del Espíritu. Las futuras buenas obras del nuevo convertido (o la falta de ellas) pueden desafiar la autenticidad de su fe, pero si él ha creído en las promesas de Dios por sí mismo, él puede ahora descansar en esa seguridad. El himno es correcto:

El más grande pecador que de verdad cree,
En ese momento de Jesús recibe perdón.

Su fe no debería estar en la evidencia por fe, sino en la promesa de Cristo.

Las dudas deben tomarse con seriedad, y las dudas deben ser resueltas bíblicamente. Recuerde que hay personas que no creen en el evangelio, pero ellas piensan que sí creen. Y están aquellos que piensan que no creen en el evangelio, pero en realidad sí creen.

Hablaremos más de esto en el próximo capítulo.

Una fe que crece

Durante una conferencia, una pareja me pidió que le aconsejera a la esposa, quien tenía ocasionalmente momentos de temor de que no era una cristiana. Ella conducía regularmente estudios bíblicos, había llevado a otros a la fe en Cristo, y había dado toda posible indicación de que era de verdad una mujer nacida de nuevo. Como respuesta le conté una ilustración que la ayudó a entender cómo puede crecer nuestra fe.

Decía la historia que había un hombre que quería cruzar un pequeño lago en invierno, pero temía que el hielo no pudiera sostenerle. Para hacer más improbable que el hielo cediera y cayera al agua, distribuyó su peso yendo a gatas, más que caminando, sobre la superficie de hielo. De pronto elevó la mirada y vio a una pareja de caballos que se le acercaban caminando sobre el hielo. A la vista de eso, el hombre se levantó y empezó a caminar sobre el hielo con confianza.

—¡Eso es lo que yo estoy haciendo! —dijo aquella mujer que

dudaba—. Ando a gatas mientras otros tienen la confianza de caminar o incluso patinar.

A lo que yo contesté:

—Sí, y recuerde: El hielo bajo sus pies es tan grueso como lo es para todos los demás.

Eso la animó a levantarse a caminar, espiritualmente hablando; ella necesitaba saber que Cristo era tan fuerte para ella como lo es para todos los demás.

La frase antigua dice: «Nosotros podemos temblar sobre la roca, pero la roca debajo de nosotros nunca tiembla.» La fe mediante la que recibimos a Cristo puede ser vacilante e insegura; pero la cantidad de fe no es tan importante como el objeto de nuestra fe. Podemos ir a Cristo con nuestras dudas y con nuestros recelos, y Él nos ayudará. Acudimos creyendo que Él es nuestra única esperanza; vamos confiando en su promesa de que Él nos acepta.

No tenemos que tener una fe perfecta para recibir a Cristo. Al ir creciendo en nuestra fe llegamos a lo que el autor de Hebreos llama «plena certidumbre de fe» (10:22); esto es, que vamos a crecer en nuestra confianza y capacidad de confiar en Dios. Con el estudio de la Biblia y con la fortaleza que viene de la comunión con el pueblo de Dios, continuaremos con nuestro peregrinaje en camino a la ciudad celestial con una certidumbre creciente.

Algunos que andan a gatas hoy caminarán mañana.

¿ES CRISTO SUFICIENTE?

Mientras estudiaba en mi oficina de la Iglesia Moody, recibí la llamada telefónica de una mujer que llorando insistía en hablar conmigo.

Esto es lo que me dijo: Vivía en un hogar de ancianos en Chicago, y cada mañana las mujeres cristianas se reunían para escuchar el programa de una emisora evangélica. Aquella mañana en particular escucharon un mensaje en el que el ministro enfatizaba que la seguridad de la salvación se basaba en buenas obras. Declaró que un verdadero cristiano podría alejarse de Dios una o dos veces, pero que siempre volvería a la comunión con Cristo. Sin estas evidencias no podría haber seguridad. La salvación viene por poner nuestros ojos en Cristo, dijo el predicador, pero después nuestra seguridad venía por «verificar el fruto».

Aquella mujer lloraba al ir contándomelo, pues aunque ella había aceptado a Cristo como su Salvador a los diecinueve años y había incluso dirigido a su hija a la fe en Cristo, ella ahora sentía que el predicador le había dicho que no era salva.

—¿Por qué dice usted eso? —le pregunté.

—Pues porque según ese predicador, si usted se aleja más de tres veces de Cristo, no es un cristiano. ¡El Señor sabe cuántas veces le he fallado! Me he alejado de Él muchas veces. El predicador dio la impresión de que si uno no es casi perfecto, no es salvo.

—¿En qué confía usted para su salvación? —le pregunté.

—En la sangre de Cristo, y nada más —dijo y después añadió—: No puedo limpiar mi corazón frotando con estropajo metálico. Debo confiar en la sangre de Cristo.

—La sangre de Cristo es *suficiente* —le dije.

—¿Está usted seguro?

—Absolutamente seguro.

A estas alturas ya había cesado de llorar. Oré con ella en el teléfono, y más tarde me dijo:

—Tan pronto como cuelge el teléfono, voy a decirles a las otras mujeres que están aquí conmigo que la sangre de Cristo es suficiente.

El libro de Éxodo registra el enfrentamiento de los israelitas con los egipcios, que no los querían dejar salir de Egipto. Usted recordará que Dios mandó a Moisés que les dijera a los israelitas que señalaran con sangre los postes y el dintel de las casas en la noche de la Pascua a fin de evitar que el ángel de la muerte entrara en sus casas. Puedo imaginarme a los niños primogénitos todo asustados preguntando a sus padres:

—¿Estás seguro de que estaremos a salvo?

El padre podía llevar al hijo a la puerta y mostrarle la sangre, y decirle:

—Sí, estaremos seguros.

En otro hogar, el hijo primogénito podía haber sido un notorio pecador. Podía haber sido incluso peor que los hijos de los egipcios que vivían al otro lado de la calle. Pero no hay razón para discutir qué pecador era el peor. Era la sangre en las puertas lo que importaba.

Otro primogénito podía estar con luchas emocionales producidas por la indecisión y la duda. Un escéptico podía haber llamado a la puerta burlándose de ellos, recordándoles que las casas de los egipcios y las de los israelitas se parecían mucho y de noche no se distinguían las diferencias. Si el juicio llegaba para uno podría llegarle también al otro.

Pero el hijo hebreo no tenía que discutir sobre el asunto. Todo lo que tenía que hacer era señalar a la sangre en la puerta y recordarle a los acusadores que Dios había prometido: «Veré la sangre y pasaré de vosotros» (Éx. 12:13). En cada caso, no era la perversidad o extensión del pecado, la forma de la casa, o la estabilidad emocional de sus moradores lo que importaba. La diferencia estaba en la sangre.

Bienaventurados aquellos que tienen absoluta confianza en la sangre de Cristo, pues el sacrificio que Él hizo por los pecadores en la cruz es suficiente. Comprender esa promesa es recibir la seguridad.

Si Dios está satisfecho con la muerte de Cristo, nosotros deberíamos estarlo también. Y cuando lo estamos, ya no le debemos a Dios nada. El himno lo expresa correctamente:

No necesito argumentar más,
Ni tampoco suplicar,
Es suficiente que Cristo murió,
Y que Él murió por mí.

Esa seguridad produce un espíritu de arrepentimiento, un propósito firme de acudir a Cristo y de abandonar nuestros pecados. Ahora le amamos a Él. Nuestras vidas han cambiado porque el abismo entre Dios y nosotros ha sido cerrado.

Somos salvos y salvos para siempre.

Y si a pesar de todo duda, el siguiente capítulo es para usted.

NOTAS

1. Juan Calvino, *The Institutes of the Christian Religion*, ed. Tony Lane and Hilary Osborne (Grand Rapids: Baker, 1978), p. 144. Existe una edición en español: *Institución de la religión cristiana* (Rijswijk, Países Bajos: Fundación Editorial de Literatura Reformada, 1968).
2. R.T. Kendall, «The Ground of Assurance» (El fundamento de la seguridad), *Westminster Record*, invierno 1988, 26.
3. Juan Calvino, citado por R.T. Kendall, «The Ground of Assurance» (El fundamento de la seguridad), 29.

CAPÍTULO SIETE

SÓLO PARA LOS QUE DUDAN

Dios actúa de manera misteriosa
Para sus maravillas ejecutar;
Él deja sus huellas en el mar,
Y cabalga sobre la tormenta.

Estas palabras de William Cowper son ampliamente conocidas. Lo que no es tan conocido es que en la noche que compuso este poema él trató de suicidarse. Aunque escribió muchos poemas que ensalzan la bondad y la misericordia de Dios, él creyó que estaba condenado.

La madre de Cowper falleció cuando él tenía seis años, y él fue enviado a un internado. Él sintió temprano en la vida el aguijón del rechazo, el sentimiento de que carecía de valor, digno sólo de ser rechazado por Dios y por los hombres. Nadie anheló más que él la aceptación divina; y nadie estuvo más convencido que él que nunca la experimentaría.

Su primer intento de suicidio ocurrió cuando estaba en sus treinta años. Trató de beber láudano, una solución de opio que pensó le sumergería en un sueño permanente, pero al final no fue capaz de hacerlo. Más tarde lo volvió a intentar hiriéndose a sí mismo con un cortaplumas, pero éste se rompió. Después trató de ahorcarse, pero la cuerda se rompió y él se desplomó sobre el suelo. Escribió acerca de aquel incidente: «Aunque he fallado en mi propósito, con todo me queda el sentimiento de culpa por el que tengo que responder; un sentido de la ira de Dios y una profunda desesperación por escapar de ello.»

Cowper estaba convencido de que había cometido el pecado imperdonable. En su desesperación escribió el poema titulado «Lines Written During a Period of Insanity» (Líneas escritas en un período de locura). Se juzgó a sí mismo como alguien «más condenado que Judas». Él describe períodos de horrible oscuridad, de dolor y de pensamientos incoherentes. Su sentido de pecado y expectativa de castigo eran abrumadoras.

Fue internado en un manicomio donde sufrió de terribles visiones y voces. Por medio de sabio aconsejamiento logró mejorar algo y llegó incluso a planear casarse. Pero más tarde sufrió otro ataque de completa locura.

John Newton, el autor del himno «Gracia Admirable», invitó a Cowper a hospedarse en su casa. Estando allí, Cowper —que ahora sufría de paranoia— creía que su alimento estaba envenenado. Trató de nuevo de suicidarse, pensando que había escuchado la voz de Dios condenándole al castigo eterno por sus anteriores intentos de quitarse la vida. Escribió acerca de la gracia de Dios, pero creía que él estaba excluido de dicha gracia.

Newton trató de persuadirle de la irracionalidad de su desesperación, pero sin resultados positivos. A pesar de todo, aunque sus batallas con la depresión aumentaron en intensidad, Cowper continuó escribiendo poemas, ensalzando las maravillas del evangelio. Escribió baladas para ser usadas en la campaña de William Wilberforce en contra de la esclavitud, y él honró la soberanía de Dios sobre los asuntos humanos.

Finalmente, después de sufrir otro ataque de locura, dejó de escribir himnos. Aunque creía que estaba condenado por Dios, mediante un decreto divino, él se aferró a la esperanza de que Dios un día podía aplacarse y cambiar de parecer. Los últimos seis años los pasó acosado por horribles sueños durante la noche y de depresión durante el día. Murió creyendo que estaba destinado al infierno.

Nos hubiera gustado que esta historia tuviera un final feliz. Habría sido de verdad estupendo que Cowper hubiera experimentado la serena seguridad de la salvación antes de su muerte. Nos hubiera gustado que él experimentara la paz que tanto ansió. Pero no fue así. El que entendió bien la gracia de Dios vaciló al apropiársela para sí mismo.[1]

Los amigos de Cowper no tenían dudas de que él era cristiano, primariamente por sus firme perseverancia, su honestidad, y su profundo deseo de hacer la voluntad de Dios por encima de todo. En otras palabras, este es un caso en el que las buenas obras testifican de la gracia salvadora, y es un ejemplo de cómo podemos ver a Dios trabajando en la vida de un creyente, incluso si él o ella no lo ven.

¿Quién si no una persona en la que Dios ha estado obrando desearía tan apasionadamente ser incluida en el círculo de la misericordia de Dios? ¿Quién si no un creyente escribiría acerca de la gracia de Dios, incluso aunque él sienta que no está incluido en el círculo de los bendecidos? ¿Quién si no un creyente defendería el derecho de Dios de juzgar a los hombres, aunque piense que él mismo será objeto de ese juicio?

Por supuesto, no podemos estar seguros, porque sólo Dios conoce los corazones. Pero es ciertamente posible que Cowper fue un creyente, porque como hemos visto en otro lugar en este libro, hay muchas personas que son salvos, pero carecen de la seguridad personal.

No hay desesperación más profunda, ni depresión más negra, que la creencia de que uno no puede, por la razón que sea, ser salvo. Es mi esperanza que para cuando usted ha terminado de leer este capítulo, usted sea salvo y lo *sepa*. Y si usted ya lo sabe, pido a Dios que su seguridad sea todavía mayor.

Un hombre se enfrentaba con confianza a un operación de corazón, creyendo que todo iría satisfactoriamente en el proceso operatorio. Con todo, la noche anterior se inquietó, temeroso de lo que podría suceder cuando estuviera en el quirófano.

—Yo pensé que estabas seguro de que todo iría bien —dijo la esposa tratando de reafirmarle.

—Estoy seguro de que todo irá bien —replicó él—. Lo que sucede es que no estoy *seguro* de que estoy *seguro*.

Sí, podemos estar seguros de que iremos al cielo cuando muramos. Pero estar seguro de que estamos seguros es el problema.

Ya hemos dicho antes que algunas personas que dudan de su salvación, deberían hacerlo. Tienen buenas razones para no estar seguros: nunca han tenido la fe que salva. Para ellos, la duda les ayuda, porque puede llevarles a examinar su fe. La duda, si es usada debidamente, puede ser la sierva de la verdad. Por supuesto, la duda perpetua del escéptico que mantiene a Cristo a distancia puede llevar a la condenación. Pero la duda del buscador honesto puede llevar a la seguridad. Debemos analizar nuestras dudas y aprender de ellas.

RAZONES PARA DUDAR

¿Por qué dudan algunos creyentes verdaderos?

Inseguridad en relación con el tiempo de la conversión

La mayoría de los cristianos recuerdan con exactitud el día y la hora en que experimentaron la fe salvadora en Cristo. Otros, particularmente aquellos que crecieron en hogares cristianos, pudieron haber depositado su fe en Cristo a una edad tan temprana que no recuerdan cuándo cruzaron la línea y «nacieron de nuevo».

«No soy salva, pero mis padres me dice que sí lo soy», me decía aquella mujer joven. «No recuerdo cuándo acepté a Cristo como mi Salvador.» Ella necesitaba este consejo: Es posible saber que el sol está luciendo, incluso cuando no sabemos la hora de su salida.

La cuestión no es si recordamos o no el día y la hora en el pasado, sino si nuestra fe está en Cristo en el presente. ¿Estamos convencidos de que Cristo satisfizo todas nuestras obligaciones cuando murió en la cruz? Y si no lo estamos, más que analizar el pasado, ¿por qué no aceptar a Cristo ahora como aquel que llevó nuestros pecados en la cruz? No podemos revivir el pasado, pero podemos reconocer nuestra fe en Cristo en el presente.

Contribuye a esta falta de seguridad la enseñanza de que debemos «aceptar a Cristo en nuestros corazones», una expresión que no encontramos en la Biblia. No hace mucho leí acerca de uno que «aceptaba a Cristo como su Salvador» tres veces al año. Yo, una vez, dije la oración de «aceptar a Jesús» cada noche durante meses cuando era un niño y, no obstante, carecía de seguridad. Cada noche, antes de irme a la cama, repetía esa oración de nuevo, pero según mi entender no sucedía nada. Yo pensé que estaba condenado.

Algunas preguntas que deberíamos hacer son: ¿Por qué tenemos que «aceptar a Cristo en nuestro corazón»? ¿Cuál va a ser la diferencia al hacer esto? ¿En qué sentido el tener a Jesús en el corazón va a rectificar nuestra relación con Dios? ¿Cómo podemos saber que esto ha sucedido? La expresión confunde.

El evangelio no es primariamente Cristo en nuestro corazón (aunque es eso también), sino Cristo como el que llevó nuestros pecados. Fue cuando entendí que Cristo había muerto por mí y que eso debía aceptarlo por fe —no emociones— que tuve la seguridad de la salvación y que había sido aceptado por Dios. Cuando hablamos de Cristo como aquel que murió y cargó con nuestro castigo, tiene entonces la fe una base objetiva.

Enseñanza errónea

Si le enseñaron que la posibilidad de que usted sea salvo mañana no existe hasta que no llega mañana; si usted cree que puede perder su salvación cuando usted cesa de creer o cae en el pecado, la seguridad entonces no está a su alcance.

Por esa razón he tratado de dejar clara en un capítulo anterior la doctrina de la seguridad del creyente. Si no estamos seguros de que nuestra relación con Dios está eternamente asegurada, resulta muy difícil crecer en la vida cristiana. Debemos tener la confianza de que si verdaderamente creemos, no nos perderemos.

El poder de la culpa

Recibo muchas cartas de personas que creen que han cometido el pecado imperdonable. Una pequeña voz parece decirles: Si tú fueras un cristiano no habrías hecho tal cosa ... no te habrías comportado de esa manera.»

Estos que dudan deben recordar que es posible para los cristianos hacer cosas terribles. Cuando esto sucede, Dios va a disciplinar a aquellos que son suyos, pero no los abandona. En realidad, su propio sentido de culpa puede estar jugando una parte en la disciplina divina para restaurarle a la comunión con Dios.

El sentido de culpa es usado por Dios sólo hasta que sus hijos se arrepienten. Después de eso se da una falsa culpa que Satanás explota, el «acusador de nuestros hermanos» (Ap. 12:10). Él disfruta originando dudas en los creyentes.

C.S. Lewis, en *Cartas a un diablo novato* (México: Cada Unida de Publicaciones, 1953), hace aparecer a un demonio veterano dándole instrucciones a su sobrino sobre cómo hacer que los cristianos pierdan su confianza en Dios. Le dice que la mejor manera de lograrlo es hacer que paren de pensar en Dios y se dediquen a pensar en sí mismos. Deben, por todos los medios, estar preocupados con sus sentimientos y dudas; hay que hacer que se revuelquen en incertidumbres de manera que se desalienten.

En cuanto al «pecado imperdonable», sólo lo cometen los incrédulos que endurecen sus corazones en contra de Dios. Aquellos que buscan el perdón de Dios, no importa cuán grande sea su pecado, pueden estar seguros de su misericordia. Por eso se dice a menudo que aquellos que están inquietos acerca de sí han cometido el pecado imperdonable es casi seguro que no lo han hecho.

Aquellos que *han cometido* este pecado han endurecido su conciencia y no tienen remordimientos en cuanto a su rebelión. No tienen deseos de buscar el perdón de Dios. Ellos probablemente nunca leerían este libro.

Confusión entre fe y sentimientos

Algunas personas piensan que la fe salvadora trae consigo una experiencia espiritual instantánea que va a llenarlos de una paz y un gozo abrumadores. A veces eso ocurre, pero no sucede a menudo. Debemos recordar que la fe, no los sentimientos, es la base para nuestra seguridad.

A Martín Lutero le preguntaron una vez si él se sentía salvo. A lo que que contestó: «No, no me siento salvo, pero mi confianza en las promesas de Cristo es mayor que mis dudas.» Y eso, al final de la jornada, en la base de la seguridad, la creencia de que Cristo no estaba mintiendo cuando dijo que podíamos creer en Él y ser salvos.

El efecto de la rebelión personal

Todos nos hemos encontrado con cristianos que dudan porque se han alejado de lo que saben es lo correcto. Comprensiblemente, el Espíritu Santo está entristecido por causa de su pecado, y la paz de Dios les elude. Hablé recientemente con un homosexual que creía que había aceptado a Cristo a la edad de veinte años, para después hundirse en una vida de desenfrenada inmoralidad. Llegó a estar tan enojado con Dios que incluso llegó a pedirle que borrara de su mente los versículos de las Escrituras que había aprendido. Por diez años estuvo sofocando la llama del Espíritu Santo.

Sin embargo, en meses recientes él se ha arrepentido y ha sido limpiado. Ha dejado el estilo de vida homosexual y habla abiertamente sobre la liberación divina de su «montana de sentido de culpa», como él lo llamaba. Habla también del gozo de la seguridad, del conocimiento de que pertenece a Dios para siempre. Esa seguridad la perdió durante sus días de rebelión. De todos modos, él era un hijo de Dios durante aquellos días de despreocupada carnalidad (¿quién de nosotros puede saberlo con seguridad?), que perdió su comunión con el Padre. La seguridad viene a nuestros corazones con mayor fuerza cuando la fe está viva.

El indeciso crónico

Por último, están aquellos que, como Cowper, se han convertido en dudosos crónicos. Se revuelcan en la introspección y hallan prácticamente imposible el dejar de mirarse a sí mismos y fijar sus ojos en Cristo. Son incapaces de comprender el milagro de la gracia de Dios y no pueden ver que lo que Cristo hizo puede ser aplicado a ellos. Por la razón que sea, se ven a sí mismos como pecadores demasiado viles para salvarse.

No obstante, ellos creen. Se aferran a Cristo y se entregan a su misericordia. Confían, pero no están persuadidos; tienen esperanza, pero no están seguros. Esa confianza interna les esquiva. Estos son los William Cowper de este mundo.

¿Por qué son salvos? Porque han aceptado la premisa de que si van a ser salvos, lo van a ser por medio de la gracia de Dios manifestada en Cristo. Su fe vacila, pero está dirigida hacia la persona correcta. Sea lo que sea que digamos acerca de Cowper, él no albergaba la ilusión de que pudiera salvarse por medio de vivir una buena vida y cooperar con Dios en su salvación. Es mucho mejor creer en Dios con un corazón temblando que creer en las obras con firme confianza.

Esas personas que dudan dan también a menudo evidencias de ser salvos porque tienen un deseo implantado de agradar a Dios. Aunque ellos piensa que han sido rechazados por Dios, su mayor anhelo es que Dios sea honrado. Esta es una evidencia adicional de la obra de Dios en ellos. Así como Moisés, que no sabía que su faz resplandecía cuando descendió del monte, aunque el pueblo sí lo vio (Éx. 34:29, 30), muy a menudo vemos la vida de Cristo en el creyente incluso cuando él o ella no lo perciben. Las señales de la gracia aparecen frecuentemente en las vidas de estas almas turbadas aunque ellas carezcan de la seguridad de dicha gracia.

Estos que dudan deben ser comparados con los indecisos volitivos, que son aquellos que eligen no creer. Todos nos hemos encontrado con incrédulos que unen sus manos sobre su tórax, se acomodan en sus sillas, asumen un aire de superioridad, y con arrogancia dicen: «¡Te reto a que me convenzas!» Esos están cerrados a la fe.

Cowper no era un indeciso volitivo. Él no eligió no creer. Él anhelaba creer, pero sentían que no podía. Aunque se asía de la gracia de Dios con una mano temblorosa, creo que se hizo con el tesoro a pesar de todo. Para los tales, hay gracia.

Hay una gran diferencia entre una fe débil y una fe equivocada. Quizá no creamos las verdades del evangelio tan firmemente como, digamos, el apóstol Pedro lo hizo. No obstante, como Lutero lo señaló:

> Dos personas pueden sostener vasos de vino en sus manos; la mano de uno tiembla, la del otro no. Dos personas pueden sostener un monedero lleno de dinero: uno con una mano débil, el otro con una mano firme. El que la mano sea fuerte o débil, no aumenta o disminuye el contenido del monedero. De forma que la diferencia entre San Pedro y yo es que él sostiene el tesoro más firmemente.[2]

Incluso una fe débil salva si es dirigida a Cristo solamente. Pero una fe fuerte lleva a la destrucción aun cuando sea sostenida con una confianza inquebrantable. Aquellos que se aferran a sus buenas obras o a un salvador falso serán condenados, sin importar cuán firme sea su confianza. Porque es Cristo, después de todo, el único que salva.

AYUDA PARA LOS QUE DUDAN

Veamos ahora algunos principios que nos servirán para resolver personalmente nuestras dudas o nos darán direcciones que necesitamos para ayudar a otros que batallan con la cuestión de la seguridad.

Identifique la causa de la duda

Si, como alguien ha dicho, es cierto que «aquel que nunca ha dudado es porque nunca ha creído», las dudas deben ser consideradas saludables si nos estimulan en la dirección de la fe.

Interpretada correctamente, la duda debería llevarnos a sondear, cuestionar y probar las ideas. Alister McGrath lo puso de esta manera: Supongamos que quiere ver las estrellas o echarle un vistazo a la Vía Lactea. Usted no puede hacer esto en pleno día; tiene que esperar hasta que es de noche. Las estrellas no necesitan la oscuridad para existir, pero nosotros la necesitamos para poder verlas. Nos pueden haber hablado acerca de la existencia de las estrellas, pero sólo en la noche podemos verlas. De igual manera, sucede a menudo que sólo en la oscuridad podemos ver a Dios.

Es interesante que aquellos que han experimentado las dudas más severas emergen frecuentemente con la fe más fuerte. Deberíamos, tanto como sea posible, crear una atmósfera donde las dudas puedan ser abiertamente expresadas. Muchos criados en hogares cristianos han crecido con la idea de que dudar es como no creer, y no creer es condenación.

Obviamente. Dios quiere llevarnos de las dudas a la luz de la seguridad; pero el punto de partida es expresar nuestras dudas, hablar acerca de las barreras que nos entorpecen para creer.

Algunos batallan con dudas sobre hechos reales. Cuestionan la confiabilidad de la Biblia y las bases de la fe cristiana. Estas personas necesitan instrucción en apologética, que es la explicación razonada de la fe cristiana. Se han escrito muchos libros en defensa de la fe cristiana para demostrar su superioridad sobre otras opciones. No podemos, por supuesto, probar el cristianismo con certidumbre matemática. Si eso fuera posible, no habría necesidad de la fe. Pero podemos dar razones que son suficientemente fuertes para una persona que duda con sinceridad, pero no para el que no es honesto.

No hay una fórmula fija para lidiar con los que dudan. Alguien ha dicho: «Venimos a este mundo con muchos signos de interrogación en la cabeza.» Cada persona viene con sus propias preguntas, temores y razones para no creer. Nosotros no podemos llevar a la persona a la fe en Cristo, sólo el Espíritu Santo puede hacer eso. Podemos, sin embargo, aclarar conceptos equivocados, contestar preguntas, y animar a las personas a escuchar el evangelio.

Las dudas deben ser tomadas seriamente. Recuerde que algunos piensan que creen en el evangelio, pero no es así; mientras que otros, como Cowper, pueden tener dudas y, con todo, creer.

Ensalce la gracia de Dios

Para aquellos que duda a causa de sus muchos pecados o por el temor de que la misericordia ya no llega para ellos de Dios, no deberíamos minimizar su pecado. Dé gracias cuando las personas ven sus pecados como en realidad son.

A aquellos que están afligidos por una conciencia hiper sensible frecuentemente les dicen: «Usted no es tan malo como piensa, hay muchos por ahí que hacen cosas mucho peores.» Eso puede que sea cierto, y puede confortar un poco, pero al que duda no le impresiona. Él ve sus pecados como un gran monte, una barrera que es demasiado grande para que Dios pueda vencerla.

¿Qué le decimos a uno que ha molestado sexualmente a niños y tiene que vivir día a día con el conocimiento de que ha arruinado, quizá permanentemente, las vidas de otros? No hace mucho me escribió un hombre que se hallaba en la cárcel por violación y me preguntaba cómo podía liberarse de la culpa del pasado. No minimicé su pecado, pero enzalcé la gracia. Le expliqué por qué el único lugar para enfrentar una carga semejante de pecado es la presencia de Cristo Jesús. Él es el amigo de pecadores.

El 21 de agosto de 1544, Martín Lutero escribió una carta a George Spalatin, uno de sus colaboradores más fieles y de más confianza, quien había dado a un amigo un consejo que más tarde consideró que era pecaminoso. Debido al daño que él pensaba que su sugerencia podía producir, Spalatín estaba hundido en la pena y en sentimientos de culpa; al punto de que no había manera de consolarlo.

Lutero le escribió. No minimizó su pecado, pero vio a Cristo como suficiente para el más grande de los pecadores.

> Mi fiel solicitud y admonición es que te unas a nuestra compañía y te asocies con nosotros, que somos grandes y auténticos y endurecidos pecadores. No debes bajo ningún concepto hacer que Cristo parezca mezquino e insignificante para nosotros, como si Él sólo pudiera ser nuestro Ayudador cuando queremos librarnos de pecados imaginarios, pequeños e infantiles. ¡No, no! Eso no sería bueno para nosotros. Él debe ser sobre todo un Salvador y Redentor para las transgresiones e iniquidades más reales, graves, detestables y vergonzosas; para ser breve, para todos los pecados sumados juntos en un gran total ... Tienes que acostumbrarte a creer que Cristo es un verdadero Salvador y tú un pecador auténtico. Porque Dios no bromea ni lidia con asuntos imaginarios, sino que Él lo estaba tomando muy en serio cuando envió a su propio Hijo al mundo para morir por amor nuestro.

Cristo no vino solamente para salvar pecadores que habían crecido en hogares cristianos, pecadores cuyo pecado más grave era el de haberse enojado y haber roto un palo de golf contra el tronco de un árbol. No, Él vino para salvar a los grandes pecadores como violadores y los que abusan de los niños. Cristo no es un Salvador sólo para pecadores «respetables». Él es un Salvador real para pecadores reales.

Satanás siempre quiere que veamos nuestros pecados como más grandes que la gracia de Dios. Nunca debemos olvidar que la gracia que está en el corazón de *Dios* es más grande que el pecado que está en nuestro pasado. Dios anticipó nuestra pecaminosidad y está en condiciones de cancelar la cuenta de todos aquellos que confían en su Hijo.

Enseñe la paternidad de Dios

Hablé recientemente con un hombre joven cuyo padre era muy estricto en la disciplina, un hombre que nunca estaba contento con la actuación de su hijo. ¿Nos sorprende que este hombre joven batallara con la seguridad, sin importar cuántas veces y cuán consecuentemente invocara a Dios? Si el amor humano que experimentamos es condicional, si hemos sentido la herida profunda del rechazo, tendemos a pensar que Dios es como aquel que nos volvió la espalda?

No estoy, por supuesto, calificado para hacer un diagnóstico de las luchas espirituales de Cowper, pero me gustaría sugerir que la raíz de sus dudas se originaron en el rechazo que sintió como niño. A semejanza de muchos niños que han sido abusados, él se sintió desamparado, indigno del amor de Dios y de atención personal.

Más de una persona me ha dicho: «Tuve un padre terrenal que abusó de mí. ¿Cómo puedo confiar en el Padre celestial?» Dios quiere que superemos esos tiempos de duda y desarrollemos confianza en Él a pesar de nuestro pasado.

Tenemos que ayudar a las personas a ver que Dios no es como un hombre. Una vez que Él hace una promesa a sus hijos, podemos contar con que va a cumplirla sin falta. Él no se deleita en tener hijos que dudan constantemente de su paternidad.

Cowper también batalló con problemas teológicos que no resolvió correctamente. Creció en una época cuando la doctrina de la elección era enfatizada, es decir, la idea de que Dios es el que escoge quiénes se salvarán y deja el resto para que se condene. Cowper sintió que él no era digno de ser clasificado entre los escogidos. Él pensó que, por las razones que fueran, la elección le excluyó a él del amor maravilloso de Dios.

Aparentemente él no comprendió que podemos hallar si somos o no uno de los escogidos. Podemos hacerlo acudiendo a Cristo y recibiendo su amor y su gracia. Si hacemos esto, es una prueba de que Dios está obrando en nosotros atrayéndonos hacia Él. Notemos cómo Cristo combina la obra soberana de Dios en la elección con la seguridad de que aquellos que acuden a Él serán recibidos. «Todo lo que el Padre me da, vendrá a mí; y al que a mí viene, no le echo fuera» (Jn. 6:37). Cowper podía haberse sentido confortado con la realidad de que el evangelio es para todos.

Nadie que desea recibir la gracia de Dios en Cristo será jamás excluido. En verdad, «todo aquel que invocare el nombre del Señor, será salvo» (Ro. 10:13). Si Cowper sólo hubiera comprendido que la gracia estaba disponible para él desde el momento que deseaba creer. Como el predicador Spurgeon dijo con gran lucidez: «Aquel que se inquieta por no estar entre los elegidos, es probablemente uno de ellos.»

Reciba estímulo de otros

Aquellos que experimentan dudas son a menudo alentados al saber que otros, grandes hombres del pasado, han tenido dudas. No son solamente los Cowper del mundo los que han luchado con creer. Algunos héroes bíblicos lo han hecho también.

Juan el Bautista, el gran predicador de la justicia, fue encerrado en un calabozo por denunciar el matrimonio ilegal del rey Herodes. El sufrimiento hizo que Juan el profeta se tornara en un Juan que dudaba.

¿Por qué las dudas? Primero, él estaba sufriendo una injusticia. Su delito había sido el de decir la verdad a un rey que necesita oír lo que Dios pensaba acerca de su estilo de vida. Resulta siempre difícil reconciliar el amor de Dios por nosotros con un sentimiento de traición cuando somos acusados injustamente. Nuestro sentido de justicia clama por retribución. Este es el terreno en el que crecen nuestras dudas.

Segundo, Juan estaba aislado, solo en su celda en la prisión. Recibió algunas visitas, pero nada es más desmoralizador que sobrevivir cuando no podemos ser fortalecidos por aquellos que podían estar a nuestro lado en la necesidad.

Tercero, y más importante, su encarcelamiento parecía una violación de la promesa de Dios. Él intepretó algunos pasajes del Antiguo Testamento como indicando que el Mesías liberaría a los israelitas de la ocupación militar y opresión política de Roma. Las prisiones serían abiertas, el enemigo vencido y la nación de Israel quedaría libre.

Hace unos pocos días rasgué la solapa de un sobre que tenía la esperanza de enviar por correo. A fin de hallar la parte perdida, rebusqué en la papelera, buscando el pedazo que casaría con el resto del sobre. De manera semejante, Juan no podía encontrar la pieza perdida. La realidad no parecía casar con las promesas.

De manera que Juan envió un grupo de discípulos a Cristo, preguntándole con candidez: «¿Eres tú aquel que había de venir, o esperaremos a otro?» (Mt. 11:3). Él trató de ser tan delicado como pudo, pero la pregunta no podía ser más intencionada y, a la vez, dolida. Se preguntaba si no se habían equivocado en la identificación del Mesías.

Cristo no reprendió a Juan por vacilar. Tampoco predicó un sermón sobre los males de la incredulidad. El señaló a Juan las Escrituras. Primero, dijo, las profecías en efecto se *están* cumpliendo: «Id, y haced saber a Juan estas cosas que oís y veis. Los ciegos ven, los cojos andan, los leprosos son limpiados, los sordos oyen, los muertos son resucitados, y a los pobres es anunciado el evangelio; y bienaventurado es el que no halle tropiezo en mí» (Mt. 11:4-6).

Sí, algunas Escrituras *estaban* siendo cumplidas, incluso aunque otras no. Juan, como muchos de sus seguidores, no se dieron cuenta que habría dos venidas del Mesías, separadas por cientos de años. Sí, Cristo *regresará* para traer la liberación política que el Antiguo Testamento prometió, pero eso no iba a ocurrir ahora. Juan estaba insistiendo en el cumplimiento presente de una promesa que se cumpliría en el futuro.

Segundo, Cristo añadió: «Bienaventurado es el que no halle tropiezo en mí» (v. 6). Cristo estaba diciendo que aquellos que crean aun cuando no se cumplen sus expectativas serían bendecidos. Sí, había razones por las que algunos podían tropezar en Él, pero aquellos que creyeran, aun cuando estuvieran desilusionados, serían bendecidos.

Es interesante que fue en el contexto de esta duda que Cristo proclamó la grandeza de Juan el Bautista: «De cierto os digo: Entre los que nacen de mujer no se ha levantado otro mayor que Juan el Bautista; pero el más pequeño en el reino de los cielos, es mayor que él» (Mt. 11:11). F.B. Meyer dijo de esto: «El Maestro parece decir que el cielo juzga no por un estado de humor pasajero, sino por el tenor general de la vida de un hombre.» Después de eso, Juan es decapitado y pasa de esta vida a la siguiente.

¿Y qué diremos del discípulo Tomás? Él tenía un fondo de pesimismo, el sentido de que al final nada saldría bien. Sucedió que Tomás se hallaba ausente el día que Cristo apareció a los otros discípulos en el aposento alto. Cuando los discípulos vieron a Tomás le dijeron: «¡Hemos visto al Señor!» Él debió haber creído, porque tenía el testimonio de aquellos diez testigos creíbles. Lo que es más, él había conocido a Cristo y estaba al tanto de los milagros que había realizado.

Pero Tomás contestó: «Si no viere en sus manos las señales

de los clavos, y metiere mi dedo en el lugar de los clavos, y metiere mi mano en su costado, no creeré» (Jn. 20:25). Ocho días después Cristo le concedió amorosamente a Tomás su petición. Él tuvo la honradez de admitir la verdad cuando la evidencia fue convincente. Exclamó: «¡Señor mío, y Dios mío!»

Permítame animarle diciendo que su nombre bien puede estar en la Biblia. Cristo dijo a Tomás: «Porque me has visto, Tomás, creíste; bienaventurados los que no vieron, y creyeron» (v. 29). Podríamos parafrasearlo de esta manera: «Bienaventurados sois, José, Rut o María, porque aunque no habéis visto, sí habéis creído.»

Quien si no a Cowper que dudaba podía haber escrito:

Detrás de una providencia severa
El oculta un rostro sonriente.

Su vida debería ser de aliento a todos los que dudan.

LECCIONES PARA EL FORTALECIMIENTO DE LA FE

Hace varios años entrevisté a un joven ministro que más tarde falleció de un tumor cerebral que se desarrolló con rapidez. Los doctores le habían dicho que tenía sólo unos pocos meses de vida, de manera que él hizo todo lo que pudo para preparar a los demás para el futuro éxito de su ministerio.

«Cuando la electricidad se va», me dijo, «usted puede caminar alrededor de su casa en la oscuridad porque vivió en ella cuando había luz.» Después agregó: «Quiero caminar con Dios en la luz, porque así cuando vengan las tinieblas, conoceré el camino.» Meses después, él murió con resignación y conformidad, sabiendo que incluso en las tinieblas podía confiar en la fidelidad de Dios. Cuanto mejor conozcamos a Dios en la luz, tanto más preparados estaremos para la oscuridad.

Podemos crecer en la fe si recordamos estos principios.

Primero, *la fe no excluye la duda.* Bien sea Juan el Bautista, Job o Pedro, quien caminó sobre el agua, ellos creyeron a pesar de sus dudas. El padre del hijo afectado de convulsiones (Mr. 9:20) refleja la ambivalencia de todos nosotros cuando clamó: «Creo; ayuda mi incredulidad» (v. 24).

Lutero dijo: «La fe es la rendición voluntaria y la apuesta gozosa a la bondad oculta, no experimentada y desconocida de Dios.» Un día nuestra fe se convertirá en vista. Hasta entonces, podemos temblar sobre la roca de las promesas de Dios, aun cuando la roca debajo de nosotros permanece inconmovible.

Segundo, *las dudas podrían llevarnos a la certidumbre.* Un filósofo del siglo diecisiete dijo: «Si un hombre empieza con certidumbres terminará con dudas; pero si está contento con empezar con dudas, terminará con certidumbres.» O quizá deberíamos cambiar eso y decir que las dudas deberían terminar en certidumbres. Las dudas pueden ser usadas por Dios para profundizar, mostrándonos cuánto más debemos crecer en nuestra experiencia cristiana. Nuestra infidelidad, dice Pablo, no cambia para nada la fidelidad de Dios» (véase 2 Ti. 2:13).

Los nuevos creyentes tienen a menudo un sentido abrumador de la presencia de Dios. Tienen la sensación de que está tan cerca como su propia respiración. Esos sentimientos se van desvaneciendo con el tiempo, a fin de que podamos aprender a vivir con su Palabra desnuda, sin el éxtasis espiritual que una vez experimentamos.

Las dudas hacen que nuestra fe sea todavía más preciosa para Dios. La fe mediante la cual creemos en Cristo es un don de Dios, concedido a aquellos a quienes Dios ha escogido para vida eterna. Pero el crecimiento en la fe es el tema constante del Nuevo Testamento. Es porque somos tan propensos a dudar que la «prueba de vuestra fe, mucho más preciosa que el oro, el cual aunque perecedero se prueba con fuego, sea hallada en alabanza, gloria y honra cuando sea manifestado Jesucristo» (1 P. 1:7). Las dudas pueden, al final, purificar nuestra fe.

Tercero, *es esencial el admitir nuestras dudas ante otros, y particularmente ante Dios.* Él ya conoce nuestras dudas, por supuesto, pero el permitirnos admitirlas es su manera de ayudarnos en nuestra necesidad. Por ejemplo, en el Salmo 13 David recuerda las veces cuando él se sintió cerca de Dios, y eso le ayuda a superar el temor de que Dios se ha olvidado de él.

> ¿Hasta cuándo, Jehová? ¿Me olvidarás para siempre? ¿Hasta cuándo esconderás tu rostro de mí? ¿Hasta cuándo pondré consejos en mi alma, con tristezas en mi corazón cada día? ¿Hasta cuándo será enaltecido mi enemigo sobre mí? Mira, respóndeme, oh Jehová Dios mío; alumbra mis ojos, para que no duerma de muerte; para que no diga mi enemigo: Lo vencí. Mis enemigos se alegrarán, si yo resbalara. Mas yo en tu misericordia he confiado; mi corazón se alegrará en tu salvación. Cantaré a Jehová, porque me ha hecho bien (Salmo 13:1-6).

En *El progreso del peregrino*, la famosa alegoría de Juan Bunyan, los hombres Cristiano y Esperanza desobedecen las instrucciones cuando dejan la senda que lleva a la Ciudad Celestial y trepan sobre una cerca elevada. Allí se encuentran con una terrible tormenta. Son atrapados por el Gigante Desesperación y arrojados en un calabozo del Castillo de las Dudas. Allí languidecen hasta que Cristiano se da cuenta de que él tiene la llave de las promesas de Dios que les van a dar libertad y restauración. Y así lo hizo. La seguridad no puede venir mirando a nuestras buenas obras, sino mirando a las promesas de Cristo.

Supongamos que el sol luce en el exterior, pero usted se halla en una habitación oscurecida. La persiana que tiene en frente evita que el sol entre dentro. A usted no le piden que genere la luz y el calor del sol; eso ya ha sido hecho. Su única tarea, la única que *debe* hacer, es abrir la persiana y acudir a Cristo con el reconocimiento sincero de que sólo Él puede salvarle.

Si Cowper era un creyente, como creemos y hemos razonado, careció de seguridad porque no pudo ver la gracia de Dios. Aunque la mayoría de los cristianos tienen más fe que dudas, Cowper tuvo más dudas que fe. Gracias a Dios, el objeto de su fe vacilante era Cristo. Es mucho mejor tener poca fe en Cristo que una fe sólida en nuestras buenas obras o en otros medios de gracia. Es triste que él no pudo abrir la persiana.

Un día me llamó un hombre en gran aflicción para decirme que estaba aterrado porque no era un cristiano, creyendo que estaba eternamente condenado e incapacitado para creer. Este Cowper contemporáneo se mantenía a distancia de la gracia, insistiendo en que él había «tratado de creer», pero le resultaba imposible.

Pensaba que tenía que resolver todas sus dudas antes de poder acudir a Cristo. Le expliqué que podía ir a Cristo tal como era, con dudas y todo. La poca fe que pudiera tener debía ponerla en el Único capaz de salvarle.

Pero cuando le pedí que orara conmigo, colgó el teléfono, diciendo: «No estoy listo para ir a Cristo.» No sé por qué no estaba dispuesto a acudir a Cristo con sus dudas. Yo pensaría que alguien que está turbado acerca de su alma eterna estaría contento de acudir con sus necesidades.

¿Podía ser que la verdadera razón era que en realidad no quería creer, a pesar de su desesperación? No obstante su deseo confesado de ser salvo, parecía más bien un desconfiado volitivo, un hombre que a pesar de toda su culpa emocional escoge no creer. Y si él no cree, no será salvo.

Otro hombre me llamó con la misma clase de inquietud espiritual. Había vendido su alma al diablo y ahora sentía la necesidad de honrar su compromiso. Él incluso dudaba de que Cristo fuera en realidad más fuerte que Satanás y pudiera, por tanto, liberarle de aquella obligación.

Le insté a que acudiera a Cristo, tal como era, con dudas y todo. Ir con poca fe es mucho mejor que no ir para nada. Acudir de forma vacilante es mucho mejor que volverse con un corazón insatisfecho.

Le cité las palabras que comparto con todos los que dudan, una estrofa preciosa del famoso himno de Charlotte Elliot:

Tal como soy de pecador
Sin más confianza que tu amor,
Ya que me llamas vengo a ti,
Cordero de Dios, heme aquí.

Este hombre joven acudió a Cristo con sus dudas, aceptándole como aquel que pagó por sus pecados en la cruz. Aunque él ha tenido muchas luchas con el enemigo, descubrió por la fe que él había sido aceptado por Dios.

La incredulidad nos condenará; las dudas no. Dios recibe a los que dudan con honradez; pero no acepta a los que no son sinceros.

NOTAS

1. Virginia Stem Owens, «The Dark Side of Grace» (La cara oscura de la gracia) *Christianity Today*, 19 julio 1993, 32-33.
2. Martín Lutero, *What Luther Says: An Anthology* (Lo que Lutero dice: Una antología), ed. Ewald M. Plass (St. Louis: Concordia), 1:487.

CAPÍTULO OCHO

SÍ,... PERO

Si usted ha seguido la discusión hasta aquí, tendrá probablemente muchas preguntas en mente. El aceptar la gracia de Dios nunca es fácil, especialmente si ha crecido con la idea de que se espera que nos ganemos nuestra salvación. O quizá le dijeron que la vida eterna es don gratuito de parte de Dios, pero que estamos en constante peligro de perderla si no hacemos nuestra parte.

Veamos algunas de las preguntas más comunes que me han hecho siempre que hablo sobre el tema de la salvación.

Pregunta

¿Cuáles son aquellos pasajes que parecen enseñar que el bautismo es necesario para la salvación?

Respuesta

Aunque algunos enseñan que sin este ritual nadie nunca será salvo, nuestra salvación no depende del bautismo.

Recordemos siempre que la Biblia es consecuente consigo misma. Más de cien veces se nos dice que es la fe en Cristo la que establece nuestra relación con Dios. Si el bautismo fuera necesario, por qué Pablo le dice a la iglesia en Corinto: «Doy gracias a Dios de que a ninguno de vosotros he bautizado, sino a Crispo y a Gayo, para que ninguno diga que fuisteis bautizados en mi nombre. También bauticé a la familia de Estéfanas; de los demás, no sé si he bautizado a algún otro. Pues no me envió Dios a bautizar, sino a predicar el evangelio; no con sabiduría de palabras, para que no se haga vana la cruz de Cristo» (1 Co. 1:14-17).

El Apóstol señala dos cosas. Primera, aunque el bautismo es importante, no fue llamado a bautizar, sino a «predicar el evangelio». Segunda, es evidente que Pablo distingue el bautismo del evangelio. El bautismo no salva, pero el evangelio sí lo hace. Cuando Pablo describe el evangelio en 1 Corintios 15:1-8, él no menciona el bautismo.

Además de Juan 3:5, sobre el que ya hablamos en el capítulo 4 de este libro, hay otros dos pasajes que se piensa a menudo que enseñan que el bautismo es necesario para la salvación. El primero de ellos es Hechos 2:38. En el día de Pentecostés, Pedro dijo: «Arrepentíos, y bautícese cada uno de vosotros en el nombre de Jesucristo para perdón de los pecados; y recibiréis el don del Espíritu Santo.»

La mención del bautismo y del arrepentimiento en el mismo versículo no significa que ambos sean necesarios para el perdón de pecados. Podríamos decir, por ejemplo: «Toma las llaves y el abrigo y arranca el auto», pero eso no quiere decir que el abrigo sea necesario para arrancar el auto, aunque sea mencionado junto con las llaves.

La gramática griega de Hechos 2:38 confirma esta interpretación. La frase «bautícese cada uno de vosotros en el nombre de Jesucristo» es en realidad un paréntesis, y está en singular, lo que lo separa del resto de la oración. El mandamiento a arrepentirse es plural, como también lo es la frase «para perdón de los pecados». «Arrepentíos ... para perdón de los pecados» es el punto central. Notemos también eso en Hechos 10:43, donde Pedro menciona que la fe es el *único* requerimiento para recibir el perdón de los pecados.

Un segundo pasaje que algunos creen que enseña el bautismo como un requisito para la salvación fue escrito por Pedro: «El bautismo que corresponde a esto ahora nos salva (no quitando las inmundicias de la carne, sino como la aspiración de una buena conciencia hacia Dios) por la resurrección de Jesucristo» (1 P. 3:21).

Pedro hace un paralelismo entre las aguas que aparecen en la historia de Noé y el ritual del bautismo. El agua no salvó a Noé para nada, sino que fue en realidad un instrumento de juicio. El arca le salvó llevándole con seguridad a través del agua.

Pedro sigue explicando que el agua tampoco nos salva a *nosotros*. El bautismo salva, dice él, pero en el acto físico del lavamiento que hace («no quitando las inmundicias de la carne»), «sino como la aspiración de una buena conciencia hacia Dios por medio de la resurrección de Jesucristo» (v. 21).

¿Qué salva? La aspiración («compromiso» NVI) de una buena conciencia hacia Dios. La palabra *aspiración* puede traducirse como «respuesta». A los creyentes en aquel tiempo se les requería hacer una declaración de fe antes de ser bautizados, y esto les salvaba de una conciencia culpable.

Muchas personas en el tiempo del apóstol Pedro tenían temor de confesar a Cristo públicamente por miedo a ser perseguidos. Aquellos que testificaban públicamente hacían un «compromiso» para una «buena conciencia».

Para resumir el paralelismo: El agua no le salvó a Noé, sino que fue llevado con seguridad a través del agua debido a su fe en Dios. Tampoco el agua salva a la persona que es bautizada, pero la confesión que hace en el momento del bautismo le salva de una mala conciencia.

Pregunta

Hay algunos pasajes, por ejemplo Hebreos 6, que parecen enseñar que un creyente puede caer en el pecado y perderse para siempre. ¿Cómo deberían interpretarse estos pasajes?

Respuesta

Los verdaderos creyentes no pueden perderse en la condenación eterna.

Puesto que se han escrito libros completos sobre este asunto, responderé solamente a uno de estos pasajes controversiales.

El autor de Hebreos escribió en el capítulo 6 que en el caso de aquellos que habían empezado la vida cristiana y después se apartaron, es imposible que «sean otra vez renovados para arrepentimiento» debido a que han «crucificado de nuevo para sí mismos al Hijo de Dios y exponiéndole a vituperio» (vv. 4-6).

Tenemos que admitir que el autor está hablando en este pasaje acerca de cristianos verdaderos, porque su descripción de estas personas es clara (véase Hebreos 6:1-3). No todos los comentaristas están de acuerdo con esta interpretación, pero, si usted lee el contexto, es la que tiene más sentido.

Sí, los creyentes pueden «recaer» (apartarse). Pero, ¿quiere eso decir que están perdidos en el infierno para siempre? El contexto indica claramente que esto no es lo que el escritor tiene en mente. Él usó la misma expresión «apartarse» en relación con las israelitas que cayeron en el desierto (3:17; cp. v. 12). Su «apartamiento» no determina su destino eterno, pero resulta en castigo terrenal y la pérdida de bendiciones temporales.

El libro de Hebreos fue escrito para aquellos que se sintieron tentados a volver al sistema de sacrificios del Antiguo Testamento. Ellos empezaron a dudar si Cristo era completamente suficiente, si Él de verdad reemplazaba los rituales y sacrificios requeridos por la ley. Tener esa clase de dudas indicaba incredulidad y dureza de corazón. Regresar a los sacrificios del Antiguo Testamento era «[crucificar] de nuevo para sí mismos al Hijo de Dios y exponiéndole a vituperio» (He. 6:6).

Lo que se está diciendo en que en tanto que ellos pretendan regresar a los sacrificios del Antiguo Testamento, no puede ser renovados para arrepentimiento. Comprensiblemente, no podían ser restaurados a la comunión con Dios *mientras* estuvieran ofreciendo corderos sobre el altar, pues estaban «crucificando de nuevo para sí mismos al Hijo de Dios». Pero si ellos cesaban en esas prácticas, no hay razón para creer que no podían ser restaurados. Sí, los creyentes pueden apartarse, pero no para condenación eterna.

Pregunta

¿Qué acerca de pasajes como Apocalipsis 3:5, donde leemos que aquellos que vencieren sus nombres no serán borrados del libro de la vida? ¿Implica esto que algunos nombres serán tachados?

Respuesta

No, no quiere decir eso.

Primero, notemos que este pasaje es una promesa de que Cristo *no* borrará los nombres de los fieles. Está, por supuesto, la implicación de que bajo ciertas circunstancias Él tacharía un nombre, pero eso es hacer un suposición innecesaria.

Los eruditos bíblicos dicen que el expresar una promesa positiva usando una forma negativa es un *lítote*, esto es, una figura de lenguaje mediante la que se afirma algo fuertemente negando lo opuesto.

Tenemos un buen ejemplo de esto en Juan 6:37, donde Jesús

dice: «Todo el que el Padre me da viene a mí; y al que a mí viene, no le echo fuera.» Lo que Jesús quiere decir es que Él recibe a todos aquellos que acuden a Él. Lejos de rechazarlos, Él los recibirá y los guardará. No debemos interpretar este pasaje significando que bajo ciertas circunstancias él *rechaza* a aquellos que el Padre le ha dado.

Del mismo modo, no tiene más sentido preguntar bajo qué circunstancias Cristo tacharía un nombre del libro de la vida que preguntar bajo qué condición Él podría rechazar a los que acuden a Él. Ninguno de aquellos que pertenecen a Cristo serán borrados del libro de la vida.

Pregunta

¿Qué acerca de aquellos pasajes que enseñan que si negamos a Cristo Él nos negará a nosotros? ¿No muestra esto que si nosotros no cumplimos con nuestra parte del trato perderemos nuestra salvación?

Respuesta

La mayoría de los cristianos no niegan a Cristo, al menos permanentemente. Esa es la razón por la que hemos tenido tanto mártires a lo largo de la historia de la iglesia cristiana. Pero si un verdadero creyente negara a Cristo, eso no significa que perdería su salvación. Cristo nunca va a negar a uno de los suyos, aunque sí puede que le niegue un lugar de honor en su reino.

Dios da a su pueblo la gracia de permanecer firmes incluso en medio de gran oposición. Sin embargo, algunos maestros de la Biblia han llevado este asunto a un extremo y han interpretado tales pasajes como que enseñan que ningún verdadero creyente puede jamás negar a Cristo. Sostienen que todos los creyentes puede tener fallos ocasionales, pero que van a progresar siempre hacia un compromiso más profundo con Cristo. De manera que argumentan diciendo que si usted realmente niega a Cristo nunca fue verdaderamente salvo.

Con todo respeto, no estoy de acuerdo. La historia ha mostrado que muchos verdaderos cristianos han negado a Cristo en tiempos de persecución. Y si fuéramos honrados, nosotros también podemos negarle mediante nuestro silencio o quizá mediante nuestras palabras, como Pedro lo hizo en presencia de la sirvienta en la noche de la crucifixión (véase Jn. 18:15, 25-27). La mayoría de las veces los cristianos se recuperan de tales fracasos, pero creo que no debemos ser ingenuos y pensar que ningún verdadero creyente ha vivido o muerto jamás en estado de negación de Cristo.

Pienso, no obstante, que somos demasiado rápidos en asumir que la negación de Cristo por parte de aquellos que le niegan significa que se perderán para siempre. En realidad, el contexto de 2 Timoteo 2:11-13 habla de la fidelidad de Dios hacia nosotros en medio de nuestros fracasos. Leemos allí: «Palabra fiel es esta: Si somos muertos con él, también viviremos con él; si sufrimos, también reinaremos con él; si le negáremos, él también nos negará. Si fuéremos infieles, él permanece fiel; él no puede negarse a sí mismo.»

Evidentemente, Pablo creía que los cristianos podían llegar a ser «desleales», aunque eso no alteraría la fidelidad de Dios hacia nosotros. Fallar en perseverar significaría, más bien, que no podemos reinar con Él, porque tal privilegio les corresponde sólo a aquellos que son fieles en esta vida.

De forma que fallar en perseverar es una manera de negarle, y, correlativamente, si le negamos, él nos negará a nosotros. Él no negaría que somos de Él (Él es fiel a sus promesas), pero nos negará un galardón especial y un lugar de honor en su reino. Esto queda ilustrado por el siervo en Lucas 19:22-24, quien no escuchó lo de «buen siervo», ni tampoco le fue concedido reinar con Cristo, aunque su alma fue salva. Sí, al final, todos en el cielo se verán realizados, pero algunos recibirán una posición más prominente que otros.

También leemos que Cristo se avergonzará de nosotros si nosotros nos avergonzamos de Él (Mr. 8:38). Esto no se refiere a la pérdida de la vida eterna, sino a la pérdida de honor y reconocimiento en la presencia de Cristo. Eso explica por qué Juan dice que deberíamos vivir de tal manera que no quedemos avergonzados delante de Él (1 Jn. 2:28; véase también Mr. 8:38). La vergüenza la experimentamos siempre en proporción directa a la sensibilidad hacia el pecado. Cuando somos transformados y vemos el pecado como realmente es, cuando «conoceré como fui conocido» (véase 1 Co. 13:12), bien puede ser que quedemos avergonzados.

Pregunta

¿No lleva la doctrina de la eterna seguridad a un estilo de vida libertino? Si las personas saben que son eternamente salvas, ¿no perderán la motivación para mantener al día la comunión con Dios?

Respuesta

Siempre existe la posibilidad de que abusemos de la gracia. No obstante, el creyente ha sido regenerado por el Espíritu Santo y ha recibido una transformación radical. Los creyentes que abusan de la gracia experimentarán la disciplina de Dios.

Pablo tuvo que advertir a los creyentes de Galacia que no usaran mal su libertad. La gracia es vulnerable al abuso. Sin embargo, debemos tener en mente dos cosas:

Primera, aquellos que han sido regenerados por el Espíritu Santo han experimentado una transformación radical. El Espíritu Santo cambia los deseos internos y la disposición de aquellos que creen, de manera que ahora tienen un apetito y una motivación espiritual nuevas.

Pueden haber, por supuesto, retrocesos y luchas con el pecado, porque los creyentes son, como dijo Lutero, «simultaneamente santos y pecadores». Pero hay un cambio en nuestros afectos. Ahora amamos a Dios, cuando antes le mirábamos con indiferencia.

Segunda, cuando llegamos a ser un hijo de Dios, Él empieza a disciplinarnos por desobediencia. Dios no les permite a sus hijos que pasen «desapercibidos» on sus rebeliones. A veces la disciplina es por medio de circunstancias, otras veces es inquietud o desesperación internas.

Supe acerca de una mujer cristiana que le dijo una vez a su pastor:

—Para el cristiano el pecado es diferente que para el que no es cristiano.

A lo que su pastor contestó:

—Lleva razón; para el cristiano es más serio.

Pregunta

¿No dijo Santiago que somos justificados por las obras y no solamente por la fe? ¿Por qué insiste usted en que somos justificados sólo por la fe?

Respuesta

Tanto Pablo como Santiago enseñaron que Abraham fue justificado sólo por la fe.

Algunos piensan que Santiago enseñó que Abraham fue justificado por la fe *y* por las obras, porque él escribió: «¿No fue justificado por las obras Abraham nuestro padre, cuando ofreció a su hijo Isaac sobre el altar? ¿No ves que la fe actuó juntamente con sus obras, y que la fe se perfeccionó por las obras?» (Stg. 2:21, 22). Esto lo comparan con lo que dijo Pablo: «Porque si Abraham fue justificado por las obras, tiene de qué gloriarse, pero no para con Dios» (Ro. 4:2).

Santiago es consecuente con Pablo porque los dos están usando la palabra *justificación* en dos sentidos diferentes. Pablo está hablando acerca de nuestra justificación ante los ojos de Dios. Santiago está hablando sobre la justificación ante los ojos de otros. Él usa la palabra *justificación* en el sentido que yo podría preguntar: «¿Puede usted justificar su fe en Dios?»

Sabemos que Santiago tenía este significado de la justificación en mente debido a la diferencia en tiempo entre dos eventos importantes en la vida de Abraham. En Génesis 15:6, Dios renueva el pacto con él, y Abraham «creyó a Jehová, y le fue contado por justicia». Esta es la justificación de que Pablo habla.

Años después, cuando Abraham estaba dispuesto a ofrecer a Isaac sobre el altar, su fe original fue vindicada. Dice Santiago que esto es cuando él fue «justificado por las obras». Este fue el cumplimiento de su fe original.

Como un resultado de la obediencia de Abraham en la prueba relacionada con Isaac (véase Gn. 22), él podía ahora ser «llamado amigo de Dios» (Stg. 2:23; cp. 2 Cr. 20:7; Is. 41:8). Las generaciones futuras vieron este acto como una prueba de que él verdaderamente amaba a Dios por encima de todas las cosas. Si él no hubiera obedecido a Dios en su disposición de ofrecer a Isaac sobre el altar, él todavía habría sido justificado por la fe ante Dios (véase Gn. 14—17). Pero al pasar la prueba de la obediencia en Génesis 22, su fe quedó vindicada y obtuvo un reconocimiento especial entre los hombres.

Debemos tener en mente que la palabra *justificación* es a menudo usada en el sentido de *vindicación* en otros contextos (por ejemplo, en Mateo 12:37). Nosotros mismos usamos la palabra *justificar* en otros contextos, así como lo hicieron los escritores bíblicos.

UNA ÚLTIMA APELACIÓN

A veces los poemas infantiles son algo más que una serie de malos versos:

Humpty Dumpty se subió a una cerca
Humpty Dumpty se cayó
Todos los caballos del rey

Todos los hombres del rey
Nada pudieron hacer para componerlo.[1]

Este poema pudo haberse escrito acerca de un político en Inglaterra, pero es una especie de parábola que habla de nosotros. Hemos tenido una gran caída; la evidencia está por todas partes. No podemos componernos a nosotros mismos otra vez; mucho menos reconciliarnos a nosotros mismos con Dios. Sólo Cristo puede puede hacer eso por nosotros tendiendo un puente sobre el abismo que nos separa de Dios.

Mucha gente buena irá a parar al infierno porque pusieron la fe en su propia bondad. Otros morirán creyendo que han pecado de tal manera que ya no pueden ser salvados. No nos sorprende que sea «ancha la puerta, y espacioso el camino que lleva a la perdición, y muchos son los que entran por ella» (Mt. 7:13).

La cuestión no es ni la profundidad de nuestro pecado ni la larga lista de buenas obras que hayamos hecho; la cuestión es si hemos puesto nuestra confianza solamente en Cristo, persuadidos de que Él ha hecho todo lo que es necesario, y que será necesario, para poder entrar y estar en la presencia de Dios.

Un anciano se pudo en pie durante un servicio religioso en su iglesia y dijo: «Me ha llevado cincuenta y dos años aprender tres cosas.»

La congregación guardó silencio, esperando descubrir en tres minutos lo que a aquel hombre le había llevado tanto tiempo aprender.

«Primero», empezó, «aprendí que no me puedo salvar a mí mismo. Segundo, aprendí que Dios no espera que yo me salve a mí mismo.»

Entonces bajo la voz y agregó: «Y la tercera cosa que he aprendido es que Dios, por medio de Cristo, lo ha hecho todo.»

Y así es. Para aquellos que están dispuestos a confiar sus almas eternas al cuidado de Cristo, para ellos, Dios ya lo ha hecho todo.

He escrito una oración que me gustaría animarle a que usted la diga, aunque debo advertirle que no es la oración en sí lo que le salvará. Sólo Cristo puede hacerlo. Lo que es más importante es que esta oración sea simplemente el deseo que está en su corazón. Si usted ora de esta manera con fe, Cristo le salvará. Cristo responderá a la fe que hay en su corazón. No se vaya, porque Cristo ha prometido que Él recibirá a todos los que acuden a Él.

Oh Dios,

Yo sé que he pecado y que no me puedo salvar a mí mismo. Te doy las gracias porque Cristo murió para reconciliarme contigo. En este momento le acepto a Él como aquel que llevó mis pecados en la cruz. Afirmo que Él murió por mí; recibo su sacrificio a mi favor.

Recibo de ti en este momento lo que no tengo. Tomo el don de la vida eterna, que tú has prometido a aquellos que creen. Todo lo mejor que puedo, transfiero ahora mi confianza a Cristo.

Gracias por escuchar mi oración en el nombre de Cristo Jesus el Señor.

Amén.

«De cierto, de cierto os digo: El que oye mi palabra, y cree al que me envió, tiene vida eterna; y no vendrá a condenación, mas ha pasado de muerta a vida» (Jn. 5:24).

«El que cree en el Hijo de Dios, tiene el testimonio en sí mismo; el que no cree a Dios, le ha hecho mentiroso, porque no ha creído en el testimonio que Dios ha dado acerca de su Hijo» (1 Jn. 5:10).

Gracias sean dadas a Dios por habernos dado la seguridad de que pasaremos la eternidad con Él.

Soli Deo Gloria.

NOTAS

1. Humpty Dumpty es un personaje de la literatura infantil que tiene forma de huevo, una vez se cayó de una valla y se hizo pedazos. Viene a representar algo que cuando se rompe o se daña ya no tiene arreglo.

Anegdota
EL misionero y el indú. La perLa de mucho valor. pag 33 Es un insulto Tratar de pagar la Salvación.